U0928380

成为企业的超级员工

韩晓霞◎著

中华工商联合出版社

图书在版编目（CIP）数据

求师不如求己：成为企业的超级员工 / 韩晓霞著．－北京：中华工商联合出版社，2012.7

ISBN 978-7-5158-0201-5

Ⅰ．①求… Ⅱ．①韩… Ⅲ．①企业－职工－修养－通俗读物 Ⅳ．①F272.92-49

中国版本图书馆 CIP 数据核字（2012）第 101346 号

求师不如求己：成为企业的超级员工

作　　者：韩晓霞
责任编辑：于建廷　楼燕青
项目策划：陈凌飞　章　晨
封面设计：柏拉图
版式设计：张学桂
责任审读：郭敬梅
责任印制：迈致红
出版发行：中华工商联合出版社有限责任公司
印　　刷：北京毅峰迅捷印刷有限公司
版　　次：2012 年 7 月第 1 版
印　　次：2012 年 7 月第 1 次印刷
开　　本：787mm×1092 mm　1/16
字　　数：220 千字
印　　张：15
书　　号：ISBN 978-7-5158-0201-5
定　　价：32.00 元

服务热线：010－58301130
销售热线：010－58302813
地址邮编：北京市西城区西环广场 A 座
19－20 层，100044
http://www.chgslcbs.cn
E-mail:cicap1202@sina.com（营销中心）
E-mail:gslzbs@sina.com（总编室）

推荐序

2012年，谁将有幸与巴菲特共进午餐？这成了中国企业家们津津乐道的话题。2006年，中国步步高电子公司创始人段永平以62.01万美元中标，有幸成为第一位与巴菲特共进午餐的世界华人。两年之后的2008年，中国成长投资基金董事赵丹阳以211万美元的高价，再次刷新了“股神午餐”的中标价。

相比较而言，中国人好像更热衷于“与巴菲特共进午餐”。商人花钱自有他花钱的道理，我们毋庸置疑这顿饭到底值不值。我想他们的目的并非只是想近距离目睹“股神”的风采这么简单。最为关键的是，他们深信“听君一席话，胜读十年书”，想借助这个难得的机会，聆听“股神”的教诲，启迪自己的智慧。确实，“一个好点子，价值抵千万”。从这一点上来讲，这个投资很划算。

同样的道理，很多企业都会花大价钱聘请一些培训师对企业员工进行一些有针对性的职业培训。一堂课每人少则几千，多则几万，这笔钱是花出去了，但却是物超所值的。因为花钱买到了他人的智慧——而这是无价的。

现在，摆在我们面前的这本书，便是世华智业集团主打精品课程之一“如何成为最有价值的员工”的精华浓缩与智慧结晶。作为世华智业集团的创始人和董事长，我见证了作者韩晓霞在世华每一步的成长经历，感受到她内心的蜕变和坚毅。在本书书稿付梓前，我有幸通读了全书。掩卷而思，我能感受到作者那种强烈渴望帮助更多人的决心，字里行间折射出来的点点精华让人受益匪浅，这的确是一本物超所值的职场励志书。

这是一套职场人士自省吾身的测试题。

在“陋习自诊篇”中，作者以案例陈述和分析的方式，将一些可能导致人们职场失利的典型陋习一一罗列出来。书中每一个案例都是精挑细选出来的，完全是针对该习惯的典型表现加以细致解读。读者只要愿意平心静气地对照自己的行为，即可探寻到案例中是否存在自己的影子，了悟自己是否存在问题，继而有的放矢地做出修正与改进，扫清成功道路上的隐形障碍。

这是一本员工进行自我激励的箴言簿。

作者在陪伴世华 9 年的时间当中，从基层员工做起，而后逐步成长为世华智业集团董事、西安世华分公司的总经理和企业培训讲师，亲历了各阶层员工心理变化的全过程。因此，她在员工自我管理方面的心得和实践经验毋庸置疑，本书就集中体现出了她的职场智慧。像“混日子消磨的是你的人生”、“成果彰显尊严，成果证明价值”、“一个人承担责任的大小决定了他未来职务的高低”、“人生在世，最能依靠的是自己本身，能拯救自己的只能是自己的意志”等，都是作者从个人经验和职场众生相中所提炼出的实践箴言。由其汇集而成的这本书，可谓是一本可以被广大员工用于自我激励的、充满智慧的箴言簿。

这是一部员工自我提高的修身读本。

如果一位员工仅仅工作业绩突出，并不代表他取得了成功。因为职场成功涉及方方面面，需要从各个角度加以修整、雕琢，特别是在个人职业素养方面要不断地进行自我完善，这样他才会成长为一名最有价值的员工。而要想成为企业最有价值的员工，同时也必须掌握一些快速增值的方法。

可以说，本书旨在培养这样一种修身精神，使人们在工作中时刻检验自己的品行，严格律己，并不断地进行自我提高，使自己的职业素养逐渐趋于完善。

阅读书中一个个经典的案例，品味蕴含其中的职场法则，相信读者朋友们必然会从中有所领悟，从而引发一些深刻睿智的思考，进一步完善自己的职业素养，修炼成一名最有价值的员工。我想，这也正是本书的价值所在。

2012 年 4 月 18 日

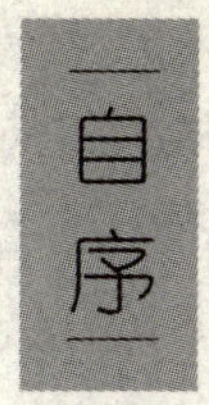

如何成为最有价值的员工

各位读者朋友们，你们好！我是韩晓霞。不管你认不认识我，不管你有没有听过我的讲座，我都要谢谢你。**谢谢你投资时间和精力给我一个机会与你一起探讨工作的真谛，一同分享工作中累积的宝贵经验。**

我相信每位阅读本书的读者都希望在自己的职业生涯中能够成长得更快、晋升得更快，能够快速实现自己的人生价值，成就更多的人和生命。因为**你的生命不是属于你自己一个人的，而是属于所有和你相关联的人；你的成功和荣誉不是属于你自己一个人的，而是属于你的家族，属于和你一起共进退的伙伴；你的失败和落魄也不是属于你自己一个人，也属于你的家人朋友，属于和你生命相关联的所有人。因此，我希望正在翻读此书的你，能够放下杂念，全身心地投入，与我来一次心灵的沟通。**

"如何成为最有价值的员工"是我众多培训讲座中的精品课程之一，我为什么要和大家分享和探讨这一课题呢？因为最有价值的员工在企业中最受欢迎，最有价值的员工在企业中最受尊敬，最有价值的员工在企业中成长的机会更多，最有价值的员工在企业成长的空间更大，最有价值的员工最受企业器重，最有价值的员工在企业中能够快速实现自己的理想！

跟大家分享这个课程的另外一个重要原因是源于我九年职业生涯的成长历程。九年的时间，我从一个被世华教育集团劝退的业务员成长为一个销售冠军，从销售冠军成长为一个销售主管，从销售主管成长为一个销售经理，再从销售经理成长为一个销售总监，又从销售总监成长为一个营销副总，从营销副总再成长为一位培训讲师，再从培训讲师成长为世华智业集团西安分公司的总经理。

九年职场吃苦打拼的心得、九年职场成长修炼的感悟、九年职场晋升蜕变的洗礼、九年职场逆境重生的改变、九年职场实现自我价值的收获……都让我受益匪浅，我想把自己这九年的体验、感受、心得，分享给所有过去或者现在和我一样渴望进步的人，分享给所有希望通过努力改变自己艰难处境的人，分享给所有在职场中迷失了自我的人，分享给所有在职场中找不到力量的人，分享给所有在职场中找不到目标感和价值感的人！

事实上，我也是这么做的！在我讲授“如何成为最有价值的员工”这一课程的很长一段时间里，我接到过很多学员的反馈电话和电子邮件，其中提及最多的一个话题就是：韩老师的课程激人奋进，让我很受启发，但一路走来，自己并没有多大的改变，工作也没太大的起色。为什么老师在课堂上传授的那些知识和自我激励措施并没能在自己身上奏效？

作为一名从基层走上来的高管，作为一名传道授业解惑的讲师，我不敢偷懒，也不能偷懒，因为我知道自己的使命所在。于是我开始反思：这到底是谁的错？我的课程有哪些不足之处？经过一番苦想，我恍然大悟。正所谓“师傅领进门，修行在个人”。可以说，作为员工，能否摒弃那些阻碍自身职业发展的各种陋习，能否促成自身的快速增值，能否修成“最有价值员工”这一正果，讲师所能起到的作用是有限的，我只能起到引路人的作用，关键还在于员工能否自动自发，能否持续修炼。而这正是本书出炉的意义所在——求师不如求己。

正因如此，在书中，我在保留课程精髓的同时，加进了一些切合企业基层员工特点的简单实用的提高自身能力的方法：通过引入有针对性的自我诊断卡，帮助大家深刻认识自身不足，从而设法改变自己；通过案例引入及深入剖析，帮助大家增长心智、提高自我。当然，书中一些感人的故事，更能荡涤我们的心灵，充实我们的内心。应该说，以上这些也是本书的特色所在！

我所做的这一切，只有一个目的，那就是秉着为读者（学员）认真负责的态度，长久、持续地激发大家自我增值的主观能动性，以期大家都能成为所在企业最有价值的员工。希望大家都能够喜欢，都能够有所收获。

韓曉霞

2012月4月8日

学友分享

这是一堂真正走进员工内心，使其发生根本转变的培训课程。参训归来的员工无一不对韩老师给予高度评价，大家一致认为这堂课很值，下次我一定要安排更多的员工来参加这个课程！

榆林神木神通集团有限公司董事长　　牛文

成为企业最有价值的员工，这是一条坎坷的路，真正能一路走下去的人才算成功。员工有改变自我的意愿非常容易，然而艰难的是付诸行动并坚持到底。韩老师是一个践行者，课程中她用她的以身作则、身先垂范改变了我的团队！万分感谢！

陕西宝马装饰工程有限公司总经理　　戴贵

“当一个人的焦点在正面时，生命就会出现积极的特征；当一个人的焦点在负面时，得到的自然是落魄的人生。”感谢韩老师让我的团队聚焦在正面的人生态度上。

安康兴安地产（集团）有限公司董事长　　江树群

这并非我想象中的一次教条式的员工培训，韩晓霞传播的是一种思想，课如其人，她用发自内心的责任感感动了我们每一位参训的员工。

陕西尚府酒店餐饮投资管理有限公司董事长　　耿备战

公司很多老员工的工作激情日渐消退，有些甚至开始居功自傲，不思进取。而当他们参加完一次韩老师的培训课程之后，却发生了翻天覆地的变化。我很惊讶他们的改变，发自内心地感谢韩老师。

陕西巨隆置业集团董事长　　吴世忠

“如何成为最有价值的员工”这一培训课程继承了世华的传统风格——实战、实效、实操，其最大的特点就是非常实用，能够切实指导员工日常工作与行为，公司很多员工都受益于此。他们的积极改变，让我感同身受。

西安鸿星尔克体育用品有限公司总经理　　陈凯思

找到自己的兴趣，树立自己的理想，从事自己喜欢的事业，带着使命投入工作，成为对国家、对社会、对企业有价值的人。感谢韩老师为我的团队指点迷津。

陕西长岭电气有限责任公司董事长　　张宝会

良师的作用在于，传播经验与智慧，让人们少走弯路，加速成长。韩晓霞女士便是这样一位良师，“如何成为最有价值的员工”可谓是这位良师用心打造的精品课程。

陕西嘉园置业有限公司董事长　　吕长江

外因只有通过内因才能起作用。只有员工发自内心想改变自己，他才会拿出切实的行动来。要想改变一个人的内心是非常困难的，韩老师却做到了。她的魔力在于，她的用心投入与真情实意的感化。

陕西得天厚实业有限公司董事长　　郝志龙

两年前，我认识了韩晓霞女士。她的执着与坚定，让我深受感动。当我听说她要在2012年的2月3日开设这么一堂员工培训课程时，我第一时间安排了团队100人参加。学习完课程之后，我们的人力资源部在第一时间做了反馈调查，发现我们的员工备受感染，深受鼓舞。感谢韩老师给我们团队做了一场深入人心的收心会！

北京中外建建筑设计有限公司董事长　　苟友和

当我亲自带着我的员工参加韩老师的“如何成为最有价值的员工”这堂课时，我本打算将一切安排妥当之后便自行离开，可当我听了她10分钟的讲课之后，竟然久久不愿离去，我确实被她的人格魅力征服了。

武汉建工集团西安分公司总经理　　欧阳雄

韩老师与员工一同分享的，不只是自己的职场心得与体会，更是一种积极的人生态度，一种人生的修行之道。作为公司的领导者，我受益匪浅。

西安骏驰汽车零部件产业园发展有限公司董事长　　杨周亮

以前公司员工每次参加完培训课程之后，反响都不太好，让他们写点心得体会都非常不情愿，就像是完成任务一样。而韩老师的课程，他们给出的评价却非常高，而且都会积极主动地写些心得体会与其他员工一同分享。这从侧面印证了我的选择是正确的。公司的钱没有白花。

陕西奥特森汽车贸易服务有限公司总经理　　黄先魁

当一个人在职场摸爬滚打、百炼成钢之后，还能想着如何倾尽自己的心血来感动和鼓励更多的人积极上进，这就是一种社会责任感的体现。韩老师的所作所为，令我钦佩。

陕西华秦科技实业公司董事长　　折生阳

和韩老师认识已经是第九年了，我和爱人是看着她从一个被劝退的员工一步步成长成为西安世华的总经理，她这一路经历的辛酸故事我们亲眼见证，当得知她将自己九年的职业生涯整理成“如何成为最有价值的员工”这堂课后，我先后安排了我的全体同仁和我的孩子们参加了这次课程，他们深受教育，深受感动！

陕西金鹰玻璃有限公司董事长　　王廷发

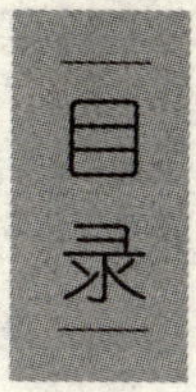

职场十一种典型陋习的自我诊断

这世上没有无缘无故的成功，更没有无缘无故的失败。每位期望能有光明前途的员工，都应主动思考自己为什么会在职场上屡屡失利。只有找到根植于自身的深层次原因，才能增长心智，少走弯路，才能提升自我价值，提高成功几率。

一项研究调查结果表明，在使员工之间的职场发展产生巨大差异的所有影响因素中，非智力因素占到 80% 以上。员工潜能的激发，工作效率的高低，人际关系的好坏，都会受到这些非智力因素的影响。实际上，这些因素不过是员工身在职场养成的某些陋习，但也正是这些陋习严重损害了员工在职场中自我价值的体现。

在实际工作中，企业管理者用人的标准其实非常简单——综合考虑员工思想、行为、习惯等是否利于创造有益的团队氛围。如果得到的答案是否定的，那么等待这类员工的最终结果必然是被“清理”出局。为什么？这就好比“一筐好苹果里哪怕只有一个烂苹果存在，最终得到的只能是一整筐的烂苹果”。

一直以来，很多管理者都在强调员工应该怎么做。其实，现代企业更需要员工能够自省自律，自动自发地规避那些“不应该做的事”，因为这不仅是其确保正常运营必须坚持的底线，也是员工立足本身工作岗位、体现自我价值的硬性要求。

在陋习自诊篇中，我总结归纳了畏首畏尾、得过且过、阳奉阴违、漠视规则等 11 种职场典型陋习，并给出了自我诊断卡。希望读者朋友们能够静心自省，诊断自己是否存在此类问题，继而有的放矢地自我修正，使自己在职场中能够有更加完美的表现。

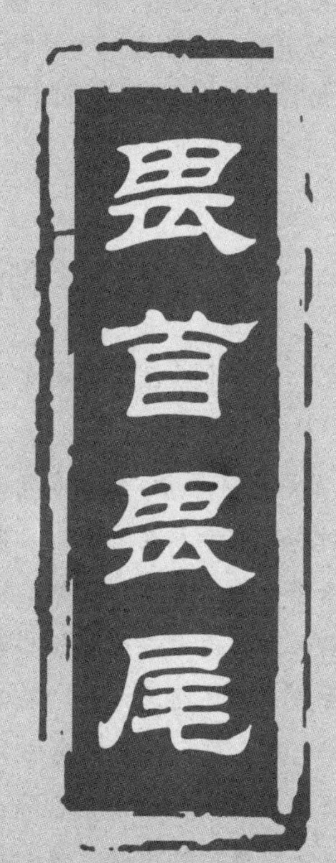
畏首畏尾

“我做不好”、“我不行”……有此类心理暗示的员工，是自卑心理在作怪，这等于给自己画地为牢，固步自封。畏首畏尾最典型的外在表现就是胆量与气魄的丧失，无法迎接工作上的挑战，而这正是职场大忌。

下面是畏首畏尾的常见行为表现，请一一核查自己是否存在类似的想法或行为。如果你的答案是否定的，那么恭喜你，你已经具备了合格员工的一项必备素质；如果你的答案是肯定的，那么请遵照本小节内容加以改善，以此拉近你与成功的距离。

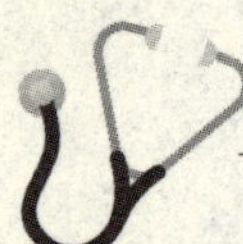

自我诊断

1. 低估自己的形象、能力和品质，总是拿弱点跟别人的长处比，觉得自己毫无特长，处处不如别人。
2. 遇人唯唯诺诺，不敢大声说话，难以准确、主动地表达自己的意见。
3. 缩手缩脚，在别人面前抬不起头来，目光不敢正视对方。
4. 做决策时思想保守，顾虑重重，犹豫不决。
5. 做事时总是不断向上级请示，不敢轻易做判断或决定。
6. 拘囿于他人的看法，常常随声附和，没有自己的主见。
7. 受累于失败教训，没有勇气再做同类的事，担心自己会再次失败。
8. 遇到挫败，便会垂头丧气，否定自己的一切，掉进自责的漩涡。
9. 在工作中特别谨小慎微，怕出错；但却越怕犯错，越做错。
10. 惯于自我设限，总是认为自己能力不足——“我不行”、“我没希望”。
11. 只想平平淡淡，按部就班地做着没有压力的工作。
12. 遇到看似无法战胜的困难或高难度的工作，就一躲再躲，畏惧不前。

1. 自卑是成功的天敌

你是个自卑的人吗？对于这个问题，估计很多人都难以给出一个明确的答案。因为对于自卑，很多人都没有一个正确的认识。何为自卑？自卑其实是人的一种心理状态，是一种对个人能力评价偏低的消极自我意识。自卑的人总认为自己做事不如别人，自惭形秽，进而表现出悲观失望的情绪，在工作生活中不思进取。

自卑与自负一样，处于自信这一天平的两端。它们都是因对自己的认识不切实际、不正确所致。一个人如果做了自卑情绪的俘虏，是很难有所作为的。

和一位学员聊天，她告诉我说："其实我挺自卑的。"听到这话从她嘴里说出来，我真的难以置信。面对这位身材匀称、容貌姣好的女子，你很难将她与"自卑"这个词联系起来。

原来，她是一家外资公司的业务员。曾经的业务能手，却被一次情场失意挫败。她的性格变得内向起来，不喜欢与人打交道。工作时总喜欢一个人处理业务。虽说工作很努力，但是业绩却始终无法得到提升。久而久之，她处于自卑的阴云之中，无法自拔。内心的自卑给她带来的是烦恼和压力，使她无法安心工作，也很难有突出的业绩。

职场上实实在在地存在很多"自卑"的奴隶。他们背负着各式各样的精神负担，认为自己无能、低劣或自觉不如别人，然后将自己陷入条条框框中，举步维艰，又茫然无措。

其实，自卑心理并非是与生俱来的。很大程度上，自卑是因经历了挫折之后，内心充斥着挫败感，当这种挫败感找不到恰当的方法排解，就会出现恶性循环，进而导致自卑。

这与心理学上的“跳蚤效应”相似。跳蚤后来为什么跳不高了？是因为前面多次的碰壁，让它对头上障碍物产生了挫败的心理。这种挫败的心理使跳蚤在没有障碍物的情况下也不敢再跳跃，因为跳蚤的潜意识里已经形成一层心理上的障碍物。可见，挫败感对于世界上的每一种生物都有可能产生消极的影响，人亦如此。因此，克服自卑的关键在于：解开那些可能导致你内心自卑的症结。

实战演练

深呼吸几次，然后静下心来回答以下 3 个问题：

1. 简单描述一下你内心最为纠结、曾经导致你内心充满挫败感的一件事。

____

2. 挫败感产生之后，你是否尝试过排解它？采用的方法是否奏效？

____

3. 当这种挫败感不断蔓延，日益对你产生消极影响时，你如何调整自己的心态？

____

你在回答上述问题时，实际上经历的是一个自我剖析、自我审视和自我改进的心理历程。每当现实不尽如人意时，你都应该平和心态，避免那些不开心、不如意的事情在你内心深处纠结下去，顽固成疾。

【韩老师有话说】

2010 年，有一个无臂男孩名叫刘伟，他用脚弹钢琴的事迹感动了全中国。试想一下，当你像他一样遭遇生活的不公平时，你是否能像他一样在逆境中成长？古语有云：物竞天择，适者生存。职场有其固有的生存法则，你的内心要足够强大。人生不如意十之八九，谁都有遇到挫折的时候。关键在于，你要以平和的心态，坦然面对。

2. 怯懦之人难堪大任

当一个人处于自卑的心理状态时，怯懦便会由内而外地表现出来：他总是不敢大胆地去做一些事情，于是逐渐形成低估自己的能力、夸大自己弱点的习惯；也没有勇气与他人打交道，更没有勇气主动承担责任；当领导安排工作时，他的直觉反应就是“我不行”、“我不可能完成”，甚至寻找各种借口来逃避本来能够处理好的工作。这样的人，怎能担当大任呢？

身为一国之主，却患有严重的口吃。你能想象这样一位国王内心的苦楚吗？英国国王乔治六世继位之前，是一个孤独、口吃、极度自卑、活在父亲和哥哥阴影下的人。

他在被众人推上王位之时，正是英德两国交战之际。为了国民，他不得不面对自己的口吃和怯懦。在语言治疗师莱纳尔罗的帮助下，他战胜了自己的怯懦，凭借不懈的努力，克服巨大的生理和心理障碍，发表了慷慨激昂的战前演讲。

他的动人事迹与激情演讲，鼓舞了誓死抵御外敌入侵的英国军民，他也成了英国人民卓越的精神领袖。

人人都有怯懦的时候，问题在于是否敢于面对。在自己的世界，每个人都是王，无论消极、拖延、畏惧等诸多负面情绪都免不了夹杂着一丝怯懦在其中。于是，遇到心仪之人却不敢表白，自我安慰“自己配不上她”；工作遇到难题时只想退缩，美其名曰“我不擅长处理此类事情”。其实，你并非一无所长，只是习惯了在怯懦中寻找安慰，以各种理由为自己开脱，而你的人生也必将是浑浑噩噩、无所建树。这位曾患有严重口吃的国王却给了我们不一样的答案。在面对历史抉择与国家的生死存亡时，抑扬顿挫的演讲和力挽狂澜的壮举，是怯懦到自信的升华。

那么，我们到底该如何克服怯懦这一缺陷呢？

（1）你是独一无二的

战胜怯懦最好的武器就是展现自信。为了克服畏惧和害怕的心理，不妨试着借助气势的激励，采取积极、肯定的态度，从而克服内心不必要的恐惧。

当你每天早上起床时，不妨对着镜子开始自我欣赏：梳头时给自己以赞美，大声说出“我很帅”、“我很漂亮”之类的赞美之词；整理衣服时，给自己以“我很棒”、“我能行”之类的自我打气、自我鼓励、自我暗示的话语来培养自己无所畏惧的气势。这些做法往往都能起到激发潜能、增加自信的作用。

（2）给“我不行”举行葬礼

克服恐惧看起来困难，但改变却在一念之间。其实，工作中的很多畏惧完全是由我们内心想象出来的，想要驱除它，就必须在潜意识里将其彻底根除。你不妨在一张白纸上写下“我不行，安息吧！”的话语，之后将它折成墓碑形状并固定在自己的座位上，为它举行葬礼，并大声诵读悼词。

这样一来，每当你心里涌现出“我不行”、“我做不到”之类的消极念头时，你就会看到这个象征“死亡”的标志，进而想起“我不行”已经死去，从而迸发出积极的做事热情。

（3）行动是消除怯懦的好办法

纵观许多怯懦的人，一个共同的原因，无非就是害怕失败。但你越害怕就越不敢行动，越不敢行动就越害怕。一旦陷入这种恶性循环之中，怯懦能不加深吗？如果你想在职场中有所成就，怯懦是没有用的。只有不畏挫折和失败，不怕别人讥笑，坚持不懈，你才可以不断体验到成功的快乐和奋斗的乐趣。

消除怯懦最有效的方法就是行动、行动、再行动。作为一个职场中人，你应该懂得：少一分怯懦，就会多一分前程，大胆尝试会带给你更多的机会。越是感到怯懦的事就越要大胆去做，只要你能大胆去做，你就能战胜你的怯懦。

【韩老师有话说】

怯懦是导致职场失利的重要因素之一。你必须设法战胜它，否则，它所造成的并发症，将会毁掉你的前程。记住：成功由你自己创造，失败由你自己承担。你能掌握自己，做自己的主宰。你就是你，独一无二。

3. 畏畏缩缩等于画地为牢

自卑、怯懦之人最为直接的行为表现就是做事畏畏缩缩，做事之前先为自己假想无数难题。他们时常会找出各种各样的借口：

“我的能力有所欠缺，××× 更适合做这件事。”

“如果我这样做，对方很可能对我横加指责。”

“这样的沟通方式，肯定会浪费客户很多时间。”

……

事情还没有开始做，难度就已经被你无限放大了。于是，在付诸实践之前，你就先被自己想象中的困难打败了。

这种畏畏缩缩、画地为牢的人表面上给人慎重行事的印象，但由于其畏畏缩缩、瞻前顾后，总是活在自己臆想的世界里，他们的计划、方案通常难以付诸实践，工作自然也很难取得进展。

我的一个学员小唐以前是一家广告公司的业务员，他告诉我他曾经就因为做事畏畏缩缩而让公司损失了几十万元。

众所周知，广告公司的业务非常繁忙，其合同的时效性也非常短。这就对业务员的办事效率提出了很高的要求。然而，小唐对于工作上的问题总是显得畏畏缩缩。

一遇到难缠的客户，小唐就会抱怨：“他粗俗又蛮不讲理，真是让人头疼啊，我先养足了精神再去拜访他！”有急事向领导汇报时，小唐时常犹豫不决：“老板今天好像不太高兴，可这件事情真的非常紧急，我要不要现在去打扰他呢？”

正是这些不起眼的小事，造成了小唐工作中的畏缩与拖延，最终酿成了苦果。当要和客户签署一份重要的合同时，客户提出一些难题，小唐的畏缩让客户最终被其他公司抢走了，以致公司错失了几十万元的广告订单。

小唐为什么会错失这个客户？其实他并不是不想改变，他也冥思苦想过该怎么办。然而遗憾的是，他那一套本来可能是可行的方案却只是停留在脑子里，没有付诸行动，以致失去许多成功的机会。

“行动才能使人走向成功。”这个道理也许人人都懂，但在现实中，人们却往往瞻前顾后、畏缩不前。此类举动会严重地妨碍你开展工作。这种恐惧的心理和拖延、畏缩的行为会摧毁我们的自信，封闭我们的潜能，束缚我们的手脚。古语有云：“吾尝终日而思矣，不如须臾之所学也；吾尝跂而望矣，不如登高之博见也。”思只是花，行才是果。事实上，许多事情的落实并没有我们想象得那么难。只要我们马上着手去做，就会取得意想不到的结果。

有一次我受邀前往外地讲课，在课堂上，我组织开展了一项互动游戏，并邀请所有学员用心投入到游戏当中，积极配合。然后，我从钱包里掏出一张面值 50 元的纸币，大声说：“现在有谁愿意拿出 10 元钱来换我这张 50 元的人民币？”

我重复了 3 次，讲台下面的人议论纷纷，却没有一个人敢上台来。最后终于有一位学员跑向讲台，但他却仍然用怀疑的眼光看着我，呆站在讲台上。我提醒他说："要积极，要参与，要配合。"那个学员才采取行动，用 10 元换回了 50 元。他瞬间就赚了 40 元。

最后，我语重心长地对学员们说："畏缩不前，你将错失良机；马上行动，你的人生才会与众不同。"

一个人的能力往往大于自己的想象力。正确地认识自己，克服畏缩心理，只要是自己看准了的，即使有困难，也要当机立断，勇敢地付诸行动，在实践中增长才干，才能解放自己、改变自己。

对于职场中人来说，要想奋斗就有可能遇到失败，但我们如果因害怕失败而畏缩不前，那就将一事无成。若想克服畏畏缩缩的坏习惯，最简单的一项修炼就是学会大胆地向自己最亲近的人说声"我爱你"。

我自己本身就是一位中国传统女性，内敛、含蓄，就像绝大多数中国人一样，不善于表达自己的情感，更不习惯时常把"爱"字挂在嘴边。但是，九年前，当我将要被世华智业集团辞退时，我首次尝试了这个做法。

那天，我鼓起勇气给妈妈打了个电话。我发现"我爱你"这三个字真的很难说出口。我好几次有说的冲动，但话到嘴边，又被咽了回去。妈妈问我刚才在嘀咕些什么，是不是遇到什么难事了。我若无其事地回答说没事，脑海里浮现的却全是妈妈那张慈祥的脸。往事一幕幕浮现，我忍不住大声地说："妈妈，我爱你。"妈妈好一阵子说不出话来，她轻声对我说："女儿，我也爱你。"那一刻，我能感觉到妈妈眼眶里那炙热的泪水已划过了她的脸颊。

如今，我已从那段悲苦的日子中走了出来，但大胆说出"我爱你"的行为已经成为了一种习惯。试想一下，面对生你养你、含辛茹苦把你养大的父母，你都没有勇气说出"我爱你"这句话，那你还能做些什么？所以，试着向你的父母、挚爱、亲友们大声说出"我爱你"吧！当它成为一种习惯时，你无论做什么事情，都不会再畏畏缩缩了。

【韩老师有话说】

很多时候，并不是我们内心充满了恐惧，只是暂时忘记了该如何前行。在漫长的人生道路上，即便伤痕累累，我们也应毫不畏缩地向前走去。面对挫折，畏畏缩缩等于画地为牢。我们应善于挖掘那些能使自己积极进步的心灵感动，人间至爱也好，瞬间感动也罢，只为寻找那自我加压、自我进步的内在驱动力。

4. 犹豫不决往往会丧失良机

德国伟大诗人歌德有一句至理名言："犹豫不决的人，永远找不到最好的答案。"不仅如此，美国加利福尼亚大学在对3000多名失败青年进行调查访问之后，得出了一个惊人的结论：犹豫不决居于30多种失败原因的榜首。

一个人之所以犹豫不决，最为关键的因素在于：**他总希望做出正确的选择，却又被每一个选择可能带来的负面结果蒙蔽了双眼。**更有甚者，他常常怀疑自己的判断，不相信自己有能力解决那些问题，瞻前顾后。结果是，一旦需要作出抉择，他常常拖延到最终来不及的地步。

刘小姐是我的一个学员，能力是有，但就是缺乏一种果断的魄力，在工作中对一些事情犹豫不决，很在乎别人的看法，想得太多。她是广州某鞋业公司驻西安办事处的员工，主要负责公司产品进入西安各大商场展销等工作。

"本来我可以升职成为办事处副主任的，但因为我做事不果断，犹豫不决而与升职良机擦肩而过。"那次她来上我的课程，下课后，她来找我交流。在与她的谈话中，我能感觉到她话语中流露出的悔意，"其实我完全有能力胜任办事处副主任岗位的工作。"

她告诉我她所在的办事处原主任调到总部了，原副主任顺理成章地升为主任，根据总部的安排，西安办事处将从员工中提升一位副主任，广州鞋业公司还专门派负责西北地区的经理来考察。

本来根据刘小姐平时的工作业绩和工作内容，经理是很看好她的，还找了她谈话，但这次谈话却让经理有些失望。

当时那位经理问她对西安市场有什么看法，以及能否采取新的措施提高市场份额。"其实，我平时心里是有很多想法的，但怕说出来被经理否认，就憋在肚子里了，经理走的时候对我摇了摇头。"

现实工作中，我们随处可见像刘小姐一样一边踌躇满志，一边又瞻前顾后的职场人，他们艳羡别人成功的同时却又对自己即将面对的未知心怀恐惧和忧虑。这些人往往过分关注领导与同事对自己的看法，在处理工作时表现出太多的情绪化，是很难晋升到金字塔的顶部的。

在职场奋斗的征途上，如果你也有类似的缺点，应该尽快将其摒弃，学会果断地做出决定。无论当前遇到的问题是多么严重，你固然应该把问题的各方面都加以慎重地权衡考虑，但千万不要犹豫不决。即便你的决策总是错的，也不要养成犹豫不决的习惯。

怎样才算强者？许多人会毫不犹豫地回答：能战胜别人的人便是强者！这个答案不能算错。然而，我们再来看另外一个问题：你最大的敌人是谁？许多中外著名的成功人士的答案几乎是惊人的一致——两个字："自己"。

2009 年是世华智业集团战略调整最为关键的一年。那年 1 月，以"为世界华人的富强而努力和服务，使华人企业成为世界经济的脊梁"为使命的世华智业集团成功收购了北京华夏管理学院。

完成这一壮举的正是集团公司董事长姜岚昕老师。当人们问他为什么要收购一所大学时，他的回答异常简单："我与华夏有缘！"但谁又曾想到，在做此决策的时候，姜岚昕头顶上的压力有多大！

当时，他身边的亲朋好友以及一起创业的伙伴都不支持他这样做，他们一致认为收购北京华夏管理学院是一个大坑，是一个不断往里面填钱的无底洞。而姜岚昕却异常坚定，他说："即便这是个大坑，我也要义无反顾地往下跳！"

顶住各方压力的姜岚昕成功了，身兼北京华夏管理学院院长的他，在学校大力推行优选、优育、优职的"三优"教育模式，誓将北京华夏管理学院建设成为中国应用型人才培养的摇篮。

做到这些，姜岚昕并没有满足。2011 年 11 月，他又义无反顾地发起了"百家企业联盟发起免费大学行动"启动仪式，免费招收特优、特长、特困的学生，优先录取农民工子女、少数民族子女、老少边穷地区子女，成为中国办"免费大学"的第一人。此事一经媒体报道，立刻在广袤的中国大地炸开了锅，无数人在议论"免费大学"是实验，还是噱头？

"免费大学计划绝不仅仅停留在口头上，事实上，我们在 2011 年 9 月已经试验性地招了 56 个穷孩子，学费、住宿费全免。2012 年计划招生 500 人，全部免费。等目前的高年级学生毕业后，我们将实现所有在校生全免费。"面对质疑，姜岚昕回答得直截了当。

事实上，当一个人能够像姜岚昕一样，自信满满地向他人保证："相信我，没错的，我一定能做到"，并当机立断地将自己的意愿、决策，积极主动地落到实处时，他才能够取得成功。

有一个训练项目是我专为克服"犹豫不决"这一职业陋习而设计的。我把这一项目叫做"冲击抱枕"。

实战演练

1. 空间选择：以两人为一小组，两人直线距离为 8 ～ 10 米；训练空间的宽度根据小组数目来确定（一组人员有 1 米宽度即可）。

2. 道具选择：抱枕、眼罩。

3. 训练内容：小组一人负责手持抱枕，将抱枕放置在自己胸前；另外一人与之相向而立，眼戴眼罩；这一切准备妥当之后，戴眼罩的组员向前冲击，直至触及抱枕即告一轮结束；之后，两组员互换位置，继续冲击抱枕。

当一个人的双眼被蒙住，看不见外面的世界时，他内心的恐惧便会油然而生。一个人要在黑暗中往前冲，是需要很大的勇气的。绝大多数人在第一次参与这项训练时，都是站在原处，犹豫不决，有的甚至都不敢动弹。而当这种训练成为习惯时，很多人都能够克服恐惧，做到当机立断，勇往直前。

当你做事时常优柔寡断、犹豫不决时，不妨试试此项训练。即便是条件有限，你也可以在自己所住的小院里，认准前方的一棵大树，捆绑上抱枕，估测与之的距离，然后闭上双眼，勇敢地向其冲。这是对你自身勇气和自信的考验。相信只要假以时日，你就能将“犹豫不决”远远甩在身后。

【韩老师有话说】

犹豫不决会严重降低工作效率。一个人纵然博览群书、才华横溢，一旦被犹豫不决所束缚，便很难产生理想的效能，最终一事无成。每一位有勇气、有胆识的成功者都是雷厉风行、想到做到的。他们绝不会拖延时间与机遇，在避免了自己陷入两难境地的同时，也提升了个人与团队的效率。

职场典型陋习二

所谓得过且过，是指人胸无大志，只要日子能凑合过，就会一直这样过下去。得过且过的人，在工作上总是马马虎虎，敷衍了事，就像人们常说的撞钟和尚一样，做一天和尚撞一天钟。

下面是得过且过的常见表现，请一一核查自己是否存在类似的想法或行为。如果你的答案是否定的，那么恭喜你，你已经具备了合格员工的一项必备素质；如果你的答案是肯定的，那么请遵照本小节内容加以改善，以此拉近你与成功的距离。

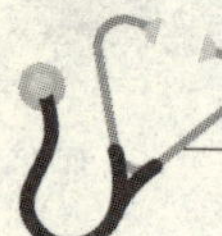

自我诊断

1. 当前工作状态、薪资待遇等符合个人“期望值”，认为没有突破的必要。

2. 抱怨工作的方方面面，但只要勉强过得去，仍然会将就下去。

3. 工作时没有积极性，工作热情消失殆尽。

4. 对工作任务能躲则躲，实在躲不开才会去做。

5. “不求有功，但求无过”，按照要求去工作，绝不多做。

6. 做事慢慢吞吞，无论老板如何着急，都好像与己无关。

7. 从不在工作的质量、创新上多做要求；工作做得不好不坏，虽然挑不出太大毛病，但也毫无值得嘉奖之处。

8. 不完全忠实于自己的“角色”，常常在工作时间里闲聊或看报纸等。

9. 不知在工作闲暇时间补充工作能量，却将之视作无用时间而白白浪费掉。

10. 认为动脑子、花心思太累，不如趁着年轻，吃喝玩乐为上。

11. 工作是为了打发日子。薪水不多，工作量不大，被动地让工作推着走。

12. 工作是为了提高生活质量。当工作与家庭发生冲突时，无条件地选择家庭。

1. 混日子就是消磨人生

中华英才网曾做过一项关于工作态度的专题调查，统计数据显示，有 72% 的受访者表示：在公司里混日子的现象极为常见。

这绝非危言耸听，而是无可争议的客观事实。环顾你周围的同事，有多少人是在混日子？有一位学员曾向我炫耀：我工作轻松、收入稳定，也没什么压力。他的内心始终认为：既然工作态度和业绩与薪水不相关联，又何必像傻子似地努力工作呢？不混白不混！

这种看似合理的工作心态已经根深蒂固地植入了他的头脑中，创造力、梦想与激情渐渐开始休眠。可事实上，这是一种自我毁灭的愚蠢想法，其代价将会是极其惨重的。在这里与大家分享一个故事。

有一天，上帝心血来潮，招来一群人，问了大家一个问题：如果你能在人世间重活一次，你将怎样确保不留下任何遗憾？

大家七嘴八舌，谈的最多的并不是此生后悔做了些什么，而是遗憾自己没有做什么。

A: 我会大胆尝试任何事情，就算犯错也无所谓。

B: 我会放松心情，不再让自己活在噩梦之中。

C: 我愿过着“问心无愧”的日子。

D: 我会好好对待身边的人。

E: 我希望自己不会再错过任何机会。

F: 50 岁之前我会努力工作，50 岁之后，我想游历全世界。

G: 我要多陪陪我的爱人，我亏欠她太多！

H: 我这一辈子活得很充实、很快乐。若能重来一次，我愿攀登更高的山峰。

I：我觉得我这一生白活了，若能再来一次，我不会再每天混日子了！

听到这里，上帝愤怒了！他大吼道：“像你这样混日子的人，就该下地狱！”结果可想而知，一生都白活的人，果真被上帝流放到了地狱。

混日子消磨的是你的人生！有句话说得好："出来混，迟早是要还的。"混日子的人迟早是要付出代价的。我们应当珍惜生命中的每一天！

人生短暂，我国人口的平均寿命是75岁，就算你能活到80岁，你精打细算一下，能活多少天？对，是29200天。对于这个数字，你作何感想？我想，绝大多数的人都会惊叹：不会吧！我这一辈子也就不到3万天，这太可怕了！

不要害怕，害怕也没什么用，事实就是这样残酷！**这意味着你每活完一天，你的生命就消逝一天，你每"混"一天，你就浪费了一天的生命**！人们都习惯于往大处想问题，而忽视了事物的细节。细细想想，你就会恍然大悟：再也不能这样活！我要过我自己想过的生活，追求自己的梦想，一生有所成就……

可一番顿悟之后，很多人都又回归"本源"了——接着混日子。这就是心理学家所说的"人的惰性"在作怪。你仔细想一想，是不是这么回事？为了有效消除混日子的消极心态，要做的其实很简单，就是要将你这种"再也不能这样活"的顿悟转化为一种实物，一种实实在在的、每天都能看得见和摸得着的实物——厚重的"人生笔记"。

实战演练

每天早上上班的时候，打开你的"人生笔记"，写下这样一些话：

今天，我已经____岁了！我的人生已经走过了____个年头！

到今天为止，我的人生已经度过了_____天，如果我能够活到75岁，我的生命只剩下____天。

到今天为止，我的人生已经消耗了_____天，如果我能够活到80岁，我的生命还剩下____天。

在过去的____年里，我不仅挥霍了我有限的生命，更为重要的是，我竟然没有意识到这一点。

在接下来的日子里，我不会浪费我的生命，我将以百倍的热情与努力来充实我的人生！

在此，我庄严起誓！在即将消逝的24小时内，我将努力做好以下事情：

____

____

____

当你养成了这种每天书写“人生笔记”的习惯时，你会发现，你不会再以混日子的消极心态来消磨人生了。每天你翻开这本日积月累而成的厚重“人生笔记”时，你会发现你的生活与工作已经悄然发生了改变。

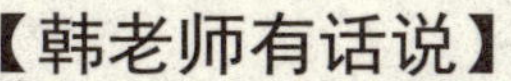

“什么样的心态，造就什么样的人生。”如果一个人始终抱持着“混日子”的心态，对眼前工作予以随意应付，他能够为企业创造什么价值？个人能力又怎会有所提高？他的职业生涯怎么可能有大的进步？千万谨记：今天你在混日子，明天日子把你给混了。

2. 厌倦工作无异于服劳役

人们之所以厌倦工作，很大一个原因是出于工作的重复与单调性。我常听到的一句抱怨就是：“工作真是无聊透顶，每天都干一样的活，我都快疯掉了！”

勉为其难确实是一件让人痛苦的事，尤其是这种现状始终遥遥无期。于是乎，应付了事成为了一种常态：领导要求我做什么，我就按他的要求去交差；领导要求我什么时候完成，我绝不会提前一秒钟结束。

久而久之，这种机械式的工作方式自然会让人感到厌倦，工作起来自然缺少动力。在工作的每一天里，他都如同在服劳役。**厌倦工作而又不得不工作，就如同逼迫一个女人嫁给一个令她厌恶的男人一样悲哀。**这不是某一个人的悲哀，而是群体性的悲哀。

我曾经就是这群悲哀之人中的一份子。一个偶然的机缘，我有幸观看了《肖恩克的救赎》这部电影。之后，我的人生彻底改变了。

一个被人陷害入狱的银行家，一个被判无期徒刑服役的犯人，一个整天活在恐惧、肮脏、冷血与暴力中的大活人，本该是在绝望中度过余生。可结果却是：

他用真心结交了一位好朋友，并搞到了一把用于挖掘隧道的石锤。

他用自己所掌握的财务知识替监狱官合法避税，进而换取了更多的自由空间。

之后，他开始为越来越多的狱警处理税务问题，甚至孩子的升学问题也来向他请教。

……

在入狱的20年里，他每天都在用那把石锤挖洞，最后成功越狱。此后，他领走了部分监狱长存的黑钱，并告发了监狱长贪污受贿的真相，最后与狱中结交的老朋友在墨西哥阳光明媚的海滨重逢。

他就是安迪，他就是激励我积极上进的越狱者。正是因为有了他，我的工作不再如痛苦地服劳役一般。我每天所要做的就是结交更多的朋友，影响、鼓励和帮助更多周围的人。

他教会我一个至理箴言：不管环境多么险恶，不管条件多么艰苦，不管希望多么的渺茫，只要自己心中有爱，只要自己满怀梦想，只要自己努力奋斗，只要自己坚持不懈，就一定能够得偿所愿。

你所处的工作环境再怎么险恶，也不可能比监狱更糟糕；你的行为受限再怎么严酷，也不可能比监狱还不自由；你所具备的成功因素再怎么稀少，也会比安迪要多得多。你，没有理由不成功！

好好想想你这一生到底想要的是什么！是富有？是名利？还是权力？在有限的工作条件下，如何将自己的人生梦想与工作结合起来？如何修炼自己成功所必须的技能？如何积累自己成功所需要的人脉、资金与资源？如何才能做些更有益于将来的事情？

当你想透了以上这些问题并有所领悟时，你就不会再厌倦你的工作了，因为你有了更高层次的追求，你有了积极工作的动力，更重要的是，你说服了自己，拥有了为自己工作的心态。

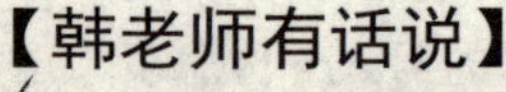

工作激情并非凭空产生的，需要我们主动创造。我们必须从一种更高的视角重新审视自己的工作，确认工作对自己的重要性，并学会从工作中寻找乐趣。这样一来，既避免了重复工作可能带来的枯燥感，又能在完成工作后获得成就感。

3. 但求无过也是一种罪过

心理学上著名的“温水煮蛙效应”揭示了这样一个道理：青蛙并不是被沸腾的热水煮熟的，而是因长久地呆在温水中被煮熟的。这个道理也适用于我们。如果我们安于现状、得过且过，很可能遭遇与青蛙同样的命运。

为什么这么说？道理很简单，我们都知道，刀是越用越快的。但是，如果刀长久不被人使用，就会生锈变钝。同样，**当一个人身处安逸的工作环境中得过且过时，其工作能力就容易退化，如同刀具生了锈一般。**而身处这种状态的人，很容易在职场上被淘汰掉。

身处职场如逆水行舟，不进则退。而当你在职场大潮中能够奋力搏击时，必将有个更光明的前程。

2012年，一股“林旋风”席卷全球，林书豪取代姚明，成为国人追捧的NBA新星。他从一名只能跑跑龙套的球员，转变成为了一支球队的救世主。林书豪用疯狂一周，成就了NBA赛场的传奇。

起初，他只是一个名不见经传的板凳球员，一个曾在NBA拿着最低工资的“临时工”。他身体素质中等，为何能在群星闪耀的NBA赛场上迅速崛起呢？因为他是个积极进取的小伙子，他不甘于只坐冷板凳。

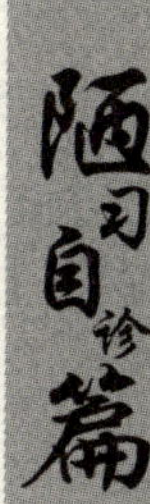

在这种强烈的进取心的激励下，他充分发挥自己的特长，做一个有头脑的控卫。林书豪是哈佛的高材生，他拥有一颗聪明的大脑，这使得他能在场上及时解读球场上的形势变化，找到更为合理的处理方式。一个用脑打球，具备带领全队前进潜质的控卫，想不出众都难。

就连美国总统奥巴马也因其在赛场上的爆发力而给予了特别关注，并俨然成了林书豪的“狂热球迷”。

林书豪的成功验证了这样一个心理学上的研究成果：成功者具有一个共同的特点——他们能够把握住现在，对工作充满激情，并对未来满怀信心。

反观一些员工，他们消极对待工作，对未来不抱任何信心。他们不会懂得“丰厚的物质回报需要建立在努力工作的基础上”，更不懂得“即便薪资微薄，亦可借工作机会来提高个人技能”，而只是在不停抱怨的过程中，徒长年龄却不见技能精进，消耗生命而无任何建树。

这就是但求无过的罪过，是对自己、对家人、对企业、对社会所犯下的罪过。从这一方面来讲，所有但求无过的职场人士都应为此悔过、赎罪。

“戴罪之人”如何悔过与赎罪呢？给自己塑一个泥像吧！每当自己不思进取之时，就狠狠地用牙签扎它。扎在它身，痛在你心！当然，这只是个开玩笑的设想。不过，下面这个方法你倒是可以试试，我想，它对克服“但求无过、不思进取”的消极思想大有裨益。

实战演练

到文具店买一盒彩色橡皮泥，用醒目的红色橡皮泥捏一个自己。接着分别用不同颜色的橡皮泥捏出你身边的各个同事。捏出来的泥像到底像不像并不要紧。你可以在“他们”身上贴上标签，写下他们各自的名字。

重要的是摆放好各个泥人的位置。你可以在一张较大、较厚的白纸上画上横竖交叉的方格线。有多少个泥人就画多少条竖线，然后以一周为一个单位时间，将你设置的竞争时限进行分割。比如，如果是一年时间的话，就是 48 个时间单元。这也就意味着你要画 48 条横线。这样一来，赛盘制作就顺利完成了。

将你与同事目前在工作中所处的竞争位置在赛盘上一一标示出来，用它们来对同事之间的竞争进行沙盘演练。这样一来，一方面可以提高自己的竞争意识，自我加压；另一方面，也可以有效克服得过且过的职场陋习。

当然，如果你的捏泥像技术很烂的话，你最好还是将这样一个“泥人赛盘”放置于自己家中的电脑桌上，免得引来同事的非议！

【韩老师有话说】

我们的理想不仅仅是生存，我们还要走向成功！获得成功也并非难事，当我们能够消除得过且过的惰性心理，致力于更圆满地完成工作任务，并满怀激情地投入到工作中，这时，我们已经距离成功的目标不远了。

职场典型陋习 三

阳奉阴违者常常被人比作暗箭，因为他们的碍事伤人之举皆不易被发觉。整理并拔掉暗箭，这是任何组织都不会怠慢的事。而要想在组织中保有一席之地，就绝不能让自己成为这样一支暗箭。

下面是阳奉阴违的常见行为表现，请一一核查自己是否存在类似的想法或行为。如果你的答案是否定的，那么恭喜你，你已经具备了合格员工的一项必备素质；如果你的答案是肯定的，那么请遵照本小节内容加以改善，以此拉近你与成功的距离。

自我诊断

1. 在老板面前努力表现自己，老板不在时，则偷懒耍滑。
2. 人前说一套，人后说另一套，人前人后两张脸。
3. 接受工作时拍着胸脯保证完成任务，但是在实际工作中总是缺斤短两。
4. 表面上对老板毕恭毕敬，暗地里辱骂老板。
5. 开会时对老板言听计从，会后百般验证老板指令的不可行性。
6. 对老板的指令满口应承、立即执行，但在背地里却一拖再拖。
7. 打着为公司利益着想的旗号，实际上只是为了满足个人欲望。
8. 对同事表面上一团和气，暗地里陷害同事。
9. 对老板或上司的观点总是随声附和，却在背后提出反对意见。
10. 明里善于与人合作，实际上我行我素，从不顾及其他。
11. 因与老板发生摩擦而怀恨在心，平时低声下气，却伺机让老板出丑。

1. 巧言令色是一种短视行为

何为巧言令色？巧言是指花言巧语，令色是指讨好的表情。巧言令色是形容一个人花言巧语，虚伪讨好。任何公司或组织内部，哪怕只有一个阳奉阴违的人，巧言令色，说话与行动不一致，人前一套背后一套……那么这无疑是一颗定时炸弹。因为，此类人具有极大的欺骗性和破坏力。

有一位公司老总曾向我诉苦：

我手下有位经理，我在公司的时候，看到的往往是他卖力工作的身影：不仅工作认真，还积极帮助同事。不久后我却发现，我不在公司时，他却是另一番工作态度——看报纸、杂志，或者与同事闲聊。

此外，他还时常"说大话"。每次交代给他的任务，他当着我的面保证一定按时完成，可结果却总是差强人意。最让我头疼的是，从表面上看，他似乎确实是按照公司制度来开展工作，但实际上却在制度漏洞的庇护下，为自己开脱和免责。当我觉察到这一点时，我再也不信任他了！

或许这种巧言令色、八面玲珑的行为，短期内可以迷惑领导的视听，但日久见人心。这种人前人后言行不一的懈怠行为，迟早会被他人识破。巧言令色这种短视行为，终究迷惑不了任何人。其实，我们只有真诚对待工作，才能获得领导的信任。这里，我给读者提以下两点建议。

★ 说到做到，言出必行。

★ 说出独到见解，远胜于随声附和。

【韩老师有话说】

巧言令色之人，看似在讨好人，实则在欺骗人，欺骗的不仅是他人，还有自己。作为员工，应该真诚地对待工作，只有这样才能充分获得老板的肯定与信任，才能让自己的职场之路走得更顺畅。

2. 文过饰非，反而错失良机

很大一部分员工之所以阳奉阴违，并不是想投机取巧、讨领导欢心，而是文过饰非，试图掩盖自己犯下的错误。其结果往往是，错失纠正或改善的良机，失去他人的信任。对于国人文过饰非的能力，我是深有体会。我曾经开发过一个心智游戏，并在课程上反复演练过，其结果也往往都在我意料之中。

实战演练

游戏开始，我会从台下的听众中随机挑选 6 名学员上台，并告知他们要完成的任务：6 个人站成一排，相互间隔 1 米。然后，我对站在最前头的人说一句话，让他们依次往下接话。

如果最后一个人转述的话与我原话意思大体一致，他们就会得到丰厚的奖励——一大堆水果。反之，他们每人要在台上做 40 个俯卧撑。时间限制是 1 分钟。

计时开始之后，后台音响开启，而且声音特别大。这是我专门用来干扰他们而设计的。每次游戏结束之后，我所听到的都是些与我原话大相径庭、且令人啼笑皆非的话。而参与游戏的 6 个人无一例外地互相指责，推卸责任。

这游戏玩起来很有趣，可结果却令人堪忧。因为它将很多职场人士的“文过饰非、掩饰错误”的陋习暴露无遗。虽然其本意仅仅是为了掩盖一丁点小错误，然而小错误若未能得到及时纠正，最终就会一错再错。

这个游戏同时也揭示了 3 个职场行为准则。

★ 对于领导交办的事项，应认真领悟，并确保没有出现偏差。

★ 向下属交代工作任务时，应确保其领悟到位，并做最后确认。

★ 错误发生时，应首先自我反思，之后总结经验，与同事共同解决问题。

【韩老师有话说】

在组织中，领导欣赏的是忠诚正直的员工，因为这样的员工才可以放心地委以重任。犯错并不可怕，可怕的是一错再错。尽量避免犯错，犯错之后及时弥补并设法不再犯同样的错误，这才是正确的工作态度。

漠视规则

每个公司或组织都会有自己独特的规则。这些规则使企业管理体系得以良性运转，确保企业、组织中的个体获得既定利益。绝大多数员工都会重视并遵循规则，不会随意打破规则。当然，也不乏一些漠视规则的员工，以挑战规则为能事。

下面是漠视规则的常见行为表现，请一一核查自己是否存在类似的想法或行为。如果你的答案是否定的，那么恭喜你，你已经具备了合格员工的一项必备素质；如果你的答案是肯定的，那么请遵照本小节内容加以改善，以此拉近你与成功的距离。

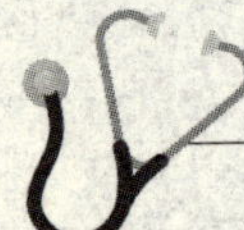

自我诊断

1. 常常迟到早退，不遵守公司的考勤制度。
2. 不想上班时就请假，同事或上司有急事也联系不到。
3. 不打招呼，随意旷工。
4. 争强好胜，处处显示自己的博学多才。
5. 自恃学历颇高，看不起学历比自己低的同事。
6. 依仗自己在公司的资历，排挤新员工。
7. 爱发牢骚，在公共场所抱怨公司制度不平等。
8. 经常在人后说是非，在领导面前打小报告，甚至不惜捏造事实污蔑他人。
9. 处处挖苦别人，以讽刺他人为乐。
10. 为同事比自己高出一点的物质奖励而怒火中烧，甚至私下里暗箭伤人。
11. 行为孤僻，对同事爱理不理。
12. 虽然公司对某些行为明令禁止，如不许长时间打私人电话，但仍会偷偷进行。
13. 对工作任务要求熟视无睹，执行工作时我行我素。

1. 挑战规则必被规则所伤

在很多外国人看来，中国是一个不遵守规则的国家：

即便前面亮着红灯，你也可以看见一大群人在斑马线上冲刺。任凭汽车轰鸣，也阻挡不住人群前行的脚步。

即便旁边挂着“购票请排队”的指示牌，你也能随时看见插队的人。

行走在人行道上，总会看见有人随地扔果皮，甚至有人边走路边嗑瓜子。

……

也许，挑战规则有时会给你带来一丝便利。但更多的时候，则是为之付出惨重的代价。

李丽凭借多年的努力，从一位银行柜台服务员升职为银行投资顾问。这是一份外表光鲜，实则很辛苦的工作。为了完成公司每月固定的业绩额度，她每天都要不停地打电话给准客户，向他们推荐购买基金。

为了业绩，她不得不游说那些完全不懂投资的客户购买高风险的产品。按照银行规定，银行需要对投资人进行投资行为评估，以确定客户适合购买哪种理财产品。她甚至怂恿一个评估结果为谨慎型的老客户购买高风险的基金项目。

时隔不久，股市大跌，很多客户损失惨重。李丽的内心不仅时刻受到良心的谴责，而且每天都要应付客户的抱怨与骚扰。在内外的双重重压之下，她不得不向上级领导提交辞呈。

有人把企业各种行为规则视为“热炉”。什么是热炉？就是烧得滚烫的火炉，每一个人只要碰到火炉必然会被烫伤。

作为企业的一名员工，如果你想让自己的职业生涯顺风顺水，那么就必须早早地了解企业的“热炉”在哪里，以免被灼伤。

【韩老师有话说】

那些蓄意破坏规则的人、那些漠视规则的人，最终是逃不过规则的惩罚的——要么被企业处罚，要么被迫辞职。反过来，如果一个人能够懂得规则是不容怀疑的条令，并坚决地予以遵循，对规则保持敬畏感，他必然会更让领导放心，更加容易获得领导的信任。

2. 消极对抗是行不通的

很多人对于组织规则所采取的并非挑衅、坚决反对的态度，而是一种消极的敷衍了事的态度。这种漠视规则的行为不容易被发现，但却存在着极大的危害性。这种打折行为会使规则逐渐被蚕食，导致企业运作处于混乱状态。

我有一位朋友，是一家食品企业的老总，2012 年年后我去拜访他时，这位辛苦打拼的创业者向我讲述了他的苦恼：

作为公司的元老，刘强一直担任西北区销售经理，由于他能力突出，区域业绩一直遥遥领先，也跟随我很多年了，所以我时常会在开会时表扬他，拿他作为全公司的表率。久而久之，他开始自满起来。

不仅如此，他甚至开始敷衍我、欺骗我。很多总部下达的文件到他手里之后，他都会扣留几天后再下发；对于我提出的区域营销战略规划，他表面上积极回应，暗地里却消极执行；总部制定的报销制度在他那里形同虚设……

我不止一次提醒过他，作为公司元老，更应遵守规则，做好表率作用。可他不以为然，认为我小题大做。每次提醒他之后，他都会有所收敛，可接下来又原形毕露了。

无奈之下，我不得不把他调离西北区，派他到一个艰苦的区域去重新开创一片天地。

显然，这位企业元老严重违背了职场规则——破坏了企业正常运作，几番沟通仍不思悔改，最终落得被下放的结局。

军队的战斗力来自于铁的纪律，同样，企业的竞争力来源于对规则的严格执行。任何企业领导都不希望看到消极对抗规则的情形发生，当然更不会无视其危害性。

【韩老师有话说】

一个人如果对工作敷衍了事，无视公司制度，不管他的资历有多老，工作能力有多强，都很难得到老板的信任，更妄谈获得晋升的机会。在职场中，聪明的员工都很清楚：对规则予以消极对抗，是行不通的。

3. 规则不容讨价还价

不少人特别热衷于讨价还价，在讨价还价之中，不仅可以得到一些实惠，而且还能有稍许的自鸣得意。

说到这里，我想起了一件在公园发生的很有意思的小事。

那天，我正独自坐在石板凳上欣赏着满园的春色。一对年轻的夫妇牵着5岁左右的儿子向我这边慢悠悠地走过来。

真是个顽皮的小子，只见他小手一甩，将手里的空水瓶扔在了人行道上。母亲见状，正准备弯腰去捡那瓶子。突然，父亲说话了："别捡，让他自己捡起来！"摄于男子的威严，这位母亲只好停下来，对孩子说："乖，把空瓶子捡起来。"

只见小孩嘟了嘟嘴，对妈妈说："妈妈帮我捡起来嘛！"父亲再次发话了："自己扔的自己捡，啥时候养成的这种坏习惯？"

小孩见父亲一脸严肃，嬉皮笑脸般地撒娇："妈妈给我买糖吃，我就捡起来！"妈妈的态度似乎有所松动，正要答应之际，父亲发话了："不要跟我讨价还价！现在，赶紧把瓶子捡起来。否则，有你好看的！"

结果，这顽皮的孩子只好乖乖地把瓶子捡了起来，放进路边的垃圾桶。

之所以要跟大家分享这个故事，是因为有太多的企业员工也会像这个小孩一样，对公司的规则讨价还价。

有一位员工因违反安全操作规程而被开具罚单，这是他当月第二次违章操作。按公司制度规定，他的安全奖金将被取消。于是，这位员工便开始与安全员"讨价还价"："请你手下留情吧！要不将这次违章记录延至下个月？别让我的奖金扣这么多啊！"

此种讨价还价的现象在职场上极为常见。他们认为“制度无情人有情”，也许可以通过讨价还价来争取“法外开恩”。试想一下，如果讨价还价者最终果真如愿以偿，那么他能记住这个教训，永不再犯吗？如果其他员工都效仿他的做法，那规章制度也就成了废纸，企业还能正常运转吗？

规章制度是员工必须遵守的办事规程或行动准则，其存在的意义在于维护企业的正常运作和长远发展。作为员工，应时刻谨记：规则不容讨价还价。

此外，从这个“顽皮小孩与爸爸讨价还价”的小故事中，我们至少可以领悟到 3 条对待企业规则的正确行为准则。

★ 脑中时刻绷紧“遵守规则”这根弦，培养自己的规则意识，以遵守规则为荣，以违反规则为耻。

★ 一旦做了违反规则的事情，就要勇于承认错误，敢于改正错误，做到敢做敢当，积极改正。

★ 规则不容讨价还价。不以讨价还价来规避惩罚，维护规则本身的威严。

【韩老师有话说】

规则是企业经营的安全线，规章制度是企业一切经营活动的准绳。无论员工具有什么样的能力或背景，也不管其有何种借口，都不能对规则讨价还价，否则，他就是一个破坏企业发展的毒瘤，而不是一个能够带来价值回报的人才。

职场典型陋习五

搬弄是非是一把锋利的双刃剑。持有此剑的人，能将他人伤得体无完肤；当然，这把剑也会伤及自身。在职场中，一旦被人贴上“搬弄是非”的标签，那么这个人便会被公司同事日渐疏离，甚至被无情抛弃。

下面是搬弄是非的常见行为表现，请一一核查自己是否存在类似的想法或行为。如果你的答案是否定的，那么恭喜你，你已经具备了合格员工的一项必备素质；如果你的答案是肯定的，那么请遵照本小节内容加以改善，以此拉近你与成功的距离。

自我诊断

1. 捕风捉影，专门传播公司里的小道消息。
2. 每天扎堆聊天，对他人行为说东道西。
3. 背地里说同事坏话，诋毁他人。
4. 将竞争对手当做冤家，通过诽谤等方式来打击对手。
5. 制造事端，设计陷阱，陷害他人。
6. 搬弄是非，挑拨同事之间的关系。
7. 热衷于挖掘他人隐私，甚至以此要挟他人。
8. 喜欢向老板打小报告，博得老板欢心。
9. 对直属上司心怀不满，越级向老板进行诬告。
10. 喜欢总结同事工作中的不足之处，但却不能发表任何有见地的意见。
11. 每天抱怨公司管理失当，没有发展前景，导致其他同事也跟着士气低落，甚至相继跳槽离开。
12. 遇到不满之事，毫无顾忌地把事情闹大。
13. 对公司决策心存不满，暗地里挑唆同事，集体闹事。

1. 挑拨离间，受伤的是谁？

在很多经典武侠小说中，“挑拨离间”是很多江湖人士惯用的伎俩，其目的在于：通过各种手段挑拨人与人之间的关系，以此来破坏他们之间的情谊，甚至引发内斗。简而言之，挑拨离间无外乎就是离间他人，自己坐收渔利。

现如今，很多的职场小说也会将“挑拨离间”当做一种经典招数传授给读者。这类小说情节生动，引人入胜，确实很能打动和说服人。可我奉劝各位千万别上当，使用这种伎俩最终受伤的往往是自己。

担任公司行政助理的吴雯，是一位工龄已有3年的老员工。一直以来，她的表现都不错，深受老板喜欢。最近，她却与一位新人较上了劲。原来，老板很重视这位新人，每天都尽心尽力指导她。吴雯内心十分不满，决定做些什么。

她将公司的财务状况悄悄地透露给这位新人，刻意渲染公司亏损严重、薪酬很低。但这些并没有影响这位新人的工作，她做事依然很卖力。

吴雯听说老板要为她加薪之后，偷偷地告诉她：“老板很小气，公司效益又不好，怎么会给你加薪呢？昨天他还问我，你这么卖力工作，有何企图呢。”新人听完这话，脸色立马阴沉下来。

吴雯接着安慰道：“你卖力工作，老板还百般猜忌，我要是你，早就辞职了。”接着，吴雯又找机会向老板打小报告：“我看她呆不长，她曾私底下跟我说，工资太低，没什么盼头。”

老板听完，很冷淡地对吴雯说：“这事让她自己去想吧，你也别太操心。”

吴雯并没有领悟老板这句话的深意，她一心想挤走这位新人，于是继续干着这种挑拨离间的勾当。可出乎意料的是，这位新人与老板进行了彻底沟通。老板知道这些事后大发雷霆，她也觉得自己无颜继续再在公司待下去了，不得不主动提出辞职。

为了赶走更受老板重视的同事，吴雯可谓是机关算尽。在老板面前，她捏造事实，恶意中伤同事；在同事面前，看似好心地提供内部消息，甚至劝其另谋高就。在职场中，挑拨离间者春风得意，有时还被人称赞为“热心肠”。但是，日久见人心，这种挑拨离间的行为早晚会被人识破，这就如同手持一柄双刃剑，最终伤人亦伤己。

【韩老师有话说】

没有任何一家公司会欢迎挑拨离间的员工——即使这个员工有过人的才能或者突出的贡献。因为这颗“毒瘤”会影响企业内部的团结，破坏企业的正常运转……挑拨离间者可能会在一时一事上得到些“好处”，但天下没有不漏风的墙，他的行为终会曝光于人前。到那时，他会因此被公司抛弃，从而断送掉自己的前程。

2. 贬损他人，也贬损了自己

搬弄是非的另一个行为表现就是贬损他人。诸如，一旦某人在工作中犯了过错，便横加指责；组织或个人存在某些不足，便肆意贬损。

不管是有心为之还是无心之过，贬损他人都会带来消极影响。而当贬损他人成为一种习惯之后，他最终面临的往往是失败。他的失败不是失败在一时一事上，而是失败在人格上——他的人格上永远烙下了可憎的印记。

我曾经接待过一位应聘者，他是一位名牌大学的毕业生，成绩优异，能力突出。他的各项条件都令我十分满意，我有意邀请他加入公司的课程研发团队。然而，一番交谈之后，我改变了最初的想法。因为他在面试中的表现让我非常失望。

我问的第一个问题是：“你如何看待你就职的上一家公司？是何种原因导致你离职？”在他的回答中，我得到的都是一些负面的评价，而他离职的原因更是不可思议：老板妒忌他。

我接着又问：“你如何评价你的上一任领导？”这个问题似乎激发了他的演说欲望，他说了与上一任领导合作中的各种问题，领导在他的眼中似乎一无是处。

复试结束之后，我明确向他表明，公司不会录用他。理由很简单，如此贬损自己曾经为之付出、辛勤工作过的公司，这不也是在贬低自己吗？我的公司不需要这样的人！

此后，我将以上2个提问作为常规询问，添入了公司的第一轮面试中。并作了如下硬性规定：凡此贬损他人者，一律不得进入复试阶段。

也许会有很多人认为我思想偏激，有点小题大做。但我却坚持自己的看法。我认为这位应聘者大肆贬损自己曾经就职的公司，将自己的上一任领导说得一无是处，至少说明两点：他不够宽容，喜欢挑刺，很难有合作精神；他内心不够积极，无法乐观、从容地面对新的工作与挑战。这些都不利于他今后工作的开展。

此外，更要命的是，他这种贬损他人的行为显现出了他人格上的缺陷。这样的人是危险的，他既然能够贬低他人，也会贬低当下自己为之工作的企业——而这却是老板最无法容忍的行为。

【韩老师有话说】

背后贬损他人，议人长短，且没有丝毫的羞耻心，没有一丝诚实正直的品格，这是自降水准的表现。殊不知，在贬低他人的同时，也贬损了自己。一旦这种坏习惯成为顽疾，他将永远摆脱不了品质低劣的嫌疑，永远不会被人看得起。

3. 千万别做是非人

很多时候，**人们之所以"搬弄是非"，其实都是无心之过**。毕竟，带有功利色彩，故意捏造是非，以陷害他人，图谋利己之人，只是少数。更多的时候是因为做人大大咧咧，说话不过脑，喜欢家长里短，进而导致他人误解，被贴上"搬弄是非"的标签。

那么，该如何避免被人贴上"搬弄是非"的标签呢？

（1）管好自己的"嘴"

古语有云："病从口入，祸从口出。"身在职场，我们一定要管好自己的嘴，尽量避免私下议论公司的人和事。

人事关系是极为微妙的，有人升迁，有人降职。你不知原委就免开尊口。至于公司内幕，你知道就行了，犯不上跟人背后嘀咕。同样，类似"公司待遇不好"，"经常加班，还不给加班费"之类的话，尽量少说，说了也白说，反而传来传去，落人口实。千万记住：**这世上没有不透风的墙，别因自己的口误，把人都得罪了。**

（2）说话要把握好分寸

在一些特定场合说话时，一定要把握好分寸。**说话之前三思而后行，把分寸拿捏好。**俗话说："言多必失。"说任何话都要注意控制数量、提高质量。话少往往精炼，可以给人留下一个谨言慎行、做事踏实的良好印象。

（3）提出有效改进意见

对于公司管理或同事工作中的不足之处，要报以积极的态度，站在公司或同事的角度深入地考虑问题，寻找最行之有效的整改方法，使问题得到有效改善。

要想管束自己的行为，避免被人贴上"搬弄是非"的标签，你不妨多加练习以下这个训练项目——"聚焦正面"。

实战演练

1. 做任何事情之前（比如汇报工作，发表看法等）之前，将自己要说的话写下来。

2. 以积极的态度重新审视这些话语，将里面一些负面的、消极的看法以及言语标示出来。

3. 用一些正面的、积极的表述方式重新组合自己的语言，并对标示之处进行修改。

当一个人聚焦负面时，他的思想是消极的，他说出来的话难免带有一些主观的负面评价。当这种负面评价被肆意歪曲和广泛传播之后，便成了"搬弄是非"。相反，当一个人聚焦正面时，他的思想是积极的，态度是进取的，他说出来的话自然是催人向上的，这样便可有效避免落人"搬弄是非"之实。

【韩老师有话说】

世界上根本没有"对事不对人"这回事，"来说是非者，便是是非人"。大家同事一场是缘分，天下哪有不散的筵席。同事之间相处贵在真实、诚恳。我们切不可因任何原因而制造是非，或卷入是非。搬弄是非之人只会让人唾弃，被人看不起。惟有正直坦荡，我们才能够赢得别人的尊重。

好高骛远

对于好高骛远，《现代汉语词典》对它的注释是：不切实际地追求过高过远的目标。用一句通俗的话来说，就是“一山望着一山高”。好高骛远之人难免会栽跟头，这就好比你走路时，不妨抬头看看远处的风景，可一旦你只顾远眺而不注意脚下，早晚会摔个头破血流。

下面是好高骛远的常见行为表现，请一一核查自己是否存在类似的想法或行为。如果你的答案是否定的，那么恭喜你，你已经具备了合格员工的一项必备素质；如果你的答案是肯定的，那么请遵照本小节内容加以改善，以此拉近你与成功的距离。

自我诊断

1. 对自己的能力评价高出自己的实际能力水平。
2. 认为自己应当直接担任企业高层管理者之职。
3. 不屑于做琐碎小事，认为自己的本职工作太普通。
4. 很想做大事，但是又缺少实际工作经验。
5. 自称以往业绩优异、评价不赖，实际上并无过人之处。
6. 认为自己拥有高学历，在他人面前表现出极强的优越感。
7. 认为自己未得到重用，是因为老板“有眼不识金镶玉”。
8. 急于表现自己的才能，提出若干大而无当、不切实际的计划。
9. 自己明明不懂，却拼命装出一副什么都懂的模样。
10. 常常自我安慰：“因为我是新人，即便工作做得不够好也是可以原谅的。”
11. 听不得别人批评，一旦做错事被发现，便开始拼命找借口和抱怨。
12. 工作不定性，只要有更有兴趣的工作或较高的薪水，便会见异思迁。
13. 对工作不满或不愿意继续工作时，不与任何人打招呼，一声不响地便走人。

1. 夸夸其谈无意义

好高骛远之人最为突出的外在表现就是夸夸其谈。从外在看，一个人“志存高远”，再配上一副“能言善辩”的好口才，真是绝配。可事实并非如此。甚至可以说，这种人具有极大的欺骗性，对企业的危害性更大。

一个有才华却不善言辞的人，可能让人遗憾，而一个没有执行能力、只知夸夸其谈的人，绝不会在职场上受欢迎。因为对于任何企业而言，执行永远比空说白话更有意义。

2005 年底，在华为的年终述职工作会议上，一位无线产品线总裁站在任正非面前开始述职，他口若悬河地大谈特谈华为的无线产品目前在全球范围内遍地开花的成果，甚至为华为勾画出一幅宏伟的蓝图——“华为将走进欧洲，占领拉美，雄霸非洲”。

当时，其他高层管理者非常认同这个观点：华为的无线产品线已经以高端的 WCDMA 产品全面打入了国际市场，进入全面盈利阶段。而任正非却说了一句：“既然产品销路这么好，那你何时能把欠我的 40 个亿还给我？”（华为 4 年间为该项业务的研发工作调配了 40 亿元人民币的经费）这位无线产品线总裁顿时张口结舌，无言以对。

这是一个在华为内部流传很久的笑话。任正非所要表达的意思很明确：我要的是实实在在的成果，而不是夸夸其谈。任何人都应该明白这个道理：没有成果的夸夸其谈，是毫无价值可言的。夸夸其谈之人，往往会成为别人的笑柄。

【韩老师有话说】

人生目标的达成，必须付出持之以恒的努力。世界上任何一位成功者，在他们取得成功之前，无一不是脚踏实地，勤耕细作的。夸夸其谈没有任何意义，幻想一步登天更是痴人说梦，这些危险的想法会让你遭受更多的挫折。

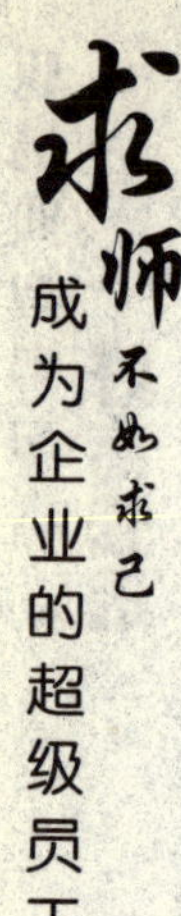

2. 眼高手低是庸才

当一个人只顾着盯紧前方远大的目标，而忘了走好脚下的每一步路时，他便会犯下一个致命的错误——眼高手低。

还记得读大学的时候，我与室友聊天，每当提及各自远大的理想抱负和所期待的工作时，大家总会趾高气扬，绘声绘色地描绘未来的蓝图：

将来我要开一家五星级酒店，这样一来，我不仅每天都能结识更多的名人，而且还可以一览那些大牌明星的风采。

我打算开办一家服装公司，我设计的服装不仅在大街上随处可见，而且还要远销国外。

……

每当这种谈论渐进佳境时，我总会以“脚踏实地”、切忌“眼高手低”之类的话语劝勉她们。可她们却对我嗤之以鼻，认为我在泼冷水，打击她们。即便受此冷遇，我从没有改变自己的态度。诚然，正如拿破仑所说：“不想当将军的士兵，不是一名好士兵。”每一个士兵都应该胸怀当将军的雄心壮志。但是，当将军的前提是先做一名好士兵。**一个人即便有再伟大的雄心，再高远的志向，仍然需要脚踏实地的精神，需要务实的行动态度。**如果一个人的眼手之间具有极大的差距，他的雄心壮志将无法实现。

有一位广告公司的老总曾经向我诉苦：现如今招人太难了，想招到称心如意的人更是难上加难。原来，他最近遇到了一件烦心事。

小孟是他刚招进公司的设计员，面试的时候，他发觉他设计的作品很漂亮，很有创意。而谈到职业规划时，他的志向也挺远大。

刚来公司没几天，小孟便一头扎进了公司的资料室，开始闭门造车——设计那些自己随意创作、没有通过客户确认的广告。对交给他的工作任务，小孟却不太积极。觉得大材小用，委屈了自己。

当一个简单的设计在客户的催促之下无法按时完成时，我只得临时安排有经验的设计师来完成。作为新手，他本该站在旁边学习的，可他却跑到一边看杂志去了。

之后，小孟负责设计一本招商手册，结果，印出来之后却发现客户的电话号码竟多出一位数字。为了修正这个错误，公司全体同仁加班加点，花了2天时间，总算把这5000本手册拆封，重新装订好了。

出事之后没多久，小孟就辞职了。公司给他交了这么多学费，他连一句感谢的话都没有，临走还甩下一句话："你这座庙太小了，容不下我这尊大佛！"

这个时代从来不缺胸怀雄才大略之人，缺的是那种能够放低身段、致力于实实在在做事的人。很多企业老总在招聘员工时特意限定"工作经验"。其实，他们真正排斥的并非"工作无经验"，而是一种眼高手低的工作态度。

我见过很多年轻人初入职场时，都有一种初生牛犊不怕虎的勇猛气势，认为自己有本领在手，天下尽在自己的掌握之中，而一旦真正做起事来，又往往不如人意。于是，做什么事情都拿不起又放不下，整个人被悬在空中……"眼高手低"是很多职场新人共有的特征。对此，企业管理者毫无例外地会做出了一个决定——坚决辞退。

【韩老师有话说】

俗话说："是骡子是马，拉出来遛遛。"一个人仅有理想是远远不够的；更重要的是将理想转化为现实。如果执行能力有所欠缺，就会永远停留在原地。因此，切忌因眼高手低而束缚自己，而要做好工作中的每件事，这才是取得职场成功的关键。

3. 浮躁是一道致命伤

时下，"浮躁"一词已经成为各大报章的热门词汇。"浮躁"也成了贴在年轻人身上一个无比醒目的标签。

人们外在的浮躁，其实来源于内心的恐慌。只要这种恐慌一天没有消除，人们的内心就一天不得安宁。

年轻人有着自己的梦想，有实现梦想的无穷力量与激情。可随着时间的慢慢流逝，青春也将不在，对于梦想实现的渴求就会变得更加强烈。因此，很多的年轻人内心开始恐慌起来，也越发变得浮躁。

《80后，你慢慢来》书评中有一段关于《老男孩》的影评，我觉得写得很好，同时也给了我很大的启发。现摘录如下。

童年时代的我们，都有过这样或那样的梦想。那时的天是那么蓝，空气是那么清新，生活是那么快乐，梦想是那么激人奋进。后来，青春渐远，现实逼近，我们开始步入社会。有些人跳过龙门，拥有云上的日子；有很多的人沉入水底，成为普通的芸芸众生；有人念了博士，有人成了农民工；有人坐上了大奔，有人只能每天骑着自行车上下班；有人娶了校花，有人成为了剩男剩女……

“生活像一把无情的刻刀，改变了我们的模样。未曾绽放就要枯萎吗？我有过梦想。”“梦想照进现实”被捻灭了之后，现实占据了我们一天24小时，就这样，80后仍顽强地活着、努力地奋斗着。我们希望通过自身努力，成就有前程的人生。80后有冲劲，有激情，关心国事天下事，但我们很少会反省自己。从这个意义上来说，“老男孩”的梦是一场注定会破灭的梦——不能朝着梦想坚定地奋进，梦想成真的基础在哪里？

是啊，自我反省是很有必要的。当一个人心浮气躁、急于求成时，他的双眼易被贪欲蒙蔽，无法沉下心来做事，最终便会因情绪控制问题丧失对行为方向的基本判断力。

身处这个浮躁社会中的我们，应该学会自我反省：我当初的梦想是什么？我如今又在做些什么？在梦想与现实之间，我该如何做出抉择？

很多人活在这世上，根本不知道自己要的是什么。他们脑海中所想的，无外乎就是金钱、名利、权力等。诚然，这些的确是成功的象征。可这种宽泛、虚无的人生目标根本没有指导意义，更谈不上有何激励作用。**抱持这种虚无的理想在现实社会中摸爬滚打，不遍体鳞伤才怪。**

而一旦你能静下心来，自我反省自己要的究竟是什么，将自己的人生目标细化，再量化，并制定一个执行表，一步一个脚印地坚持走下去，你的内心就不会无比恐慌，也就不会再好高骛远、浮躁行事了。

【韩老师有话说】

意欲成功者不可因事小而不为，而要做好每一个细节，还要努力去寻找与自己天赋特征吻合的工作环境，让自己的理想与现实环境接轨、协调适应，在此基础上实现自己期望中的“发展”。记住，真正的脚踏实地，在细微之处积累优势，会让我们更快地行至成功的巅峰。

职场典型陋习七

很多人都有做事拖拉的坏习惯，他们喜欢把难事、繁琐事、正事放到最后去做，非到最后一刻才拼命抱佛脚。做事拖拉往往会使工作成效大打折扣，甚至会因无法在规定时限内完成工作任务，而频频错失成功的机会。

下面是做事拖拉的常见行为表现，请一一核查自己是否存在类似的想法或行为。如果你的答案是否定的，那么恭喜你，你已经具备了合格员工的一项必备素质；如果你的答案是肯定的，那么请遵照本小节内容加以改善，以此拉近你与成功的距离。

自我诊断

1. 明明几天前即可轻松完成的工作，一定拖到最后一刻才拼命赶工。
2. 事先安排好的计划，往往因为偷懒而不能准时完成。
3. 接到不喜欢或劳心费力的工作，心里会不由自主地反感。
4. 对自己的能力抱有十足的信心，坚信到了期限一定能完成任务。
5. 对自己的能力没有把握，害怕工作失误，于是想远远地逃避。
6. 从工作清单中挑最不重要的事情做，越重要的工作拖延得越久。
7. 对于重要的工作，总是等待“好心情”或“好时机”再去做。
8. 在决定静下心来做最重要的事时，还要先跑去冲杯咖啡。
9. 每次开工都要整点开始，但却总是迟迟无法动手。
10. 工作时，很容易被外部环境转移注意力。
11. 总是保留着一个长长的“待处理”清单。
12. 暗下决心不再拖延，但在下一个任务来临时又会习惯性地一拖再拖。

1. 拖拉是一种职业病

《帕金森定律》中有这样一段描述："一位闲来无事的老太太为了给远方的外甥女寄一张明信片，可以足足花一整天的工夫。找明信片要一个小时，找眼镜要一个小时，查地址要半个小时，写信要一个多小时，然后，在去邻街邮筒投递之前，还要为带不带雨伞出门而考虑 20 分钟。就这样，一个办事效率高的人可以在 3 分钟内完成的事，另一个人却需要一整天的时间，最后还自己累个半死。"

这段生动的描述让做事拖拉者的形象跃然于纸上。**时下，做事拖拉日渐成为一种职场流行病。**有关调查统计数据显示，约有 20% 的职场人士存在着拖拉行为。而行事拖拉的原因无外乎以下两点：

★ 太过自信，认为时间紧迫更能激发斗志，在压力状态下能够更快更好地将事情做好。而结果却是——在最后关头发现"时间有些不够用"，难以在最后期限前交工。

★ 太过不自信，造成选择性拖拉。当工作具有一定难度、较为繁琐，或者属于个人的弱项时，人们就会产生一种懒惰情绪，故而将工作能拖多久算多久，梦想着这项工作能够被 "拖没了"。

做事拖拉者通常能够意识到自己的不足，可往往会找各种借口自我安慰或搪塞上司。拖拉行为本身更多的时候被我们忽视了，但是拖拉行为造成的危害，却是实实在在的。我们不得不加以重视。因为很多时候，拖拉不仅贻误了工作进度，而且会使我们坐失成功良机。

【韩老师有话说】

行事拖拉是成功的杀手，是一个人走向成功的路障之一。拖延使我们永远生活在对"明天"的等待之中，养成懒惰的恶习，成为一个永远只知道抱怨而没有进取机会的失败者。

2. 拒绝超级名“磨”

诗人歌德曾经说过：“我们拥有足够的时间，只是要善加利用。如果我们一味地找借口为自己开脱，我们就会被时间抛弃，成为时间和生活中的弱者。一旦这样，我们将永远是弱者。”

一个人如果未能按照原计划完成任务，那么他的工作价值自然不会得到体现。无论其工作的实际质量如何，他的职业形象上都会被贴上“做事拖拉”的标签。这还不算最严重的后果，若是因为拖延行为而耽误了公司的大事，那么老板对他的职业信任感将完全归零，他的职业生涯也就告一段落了。

因此，如果希望在职场上取胜，我们就必须**打败懒、散、慢，拯救即将被边缘化的自己**。其实，这也不难。我们可以从以下两个方面做起。

（1）将工作分段

导致我们工作拖拉的主要原因在于，我们时常会下意识地认为“工作难度太大，难以完成”，便不愿意动手去做。其实，如果我们能够一点一点地做，工作早晚会完成，原来工作并不似想象得那么艰难。这就如同小孩子初学走路，虽然看似缓慢，但一步一步地总在前行。所以，不妨将工作予以分段实施，每次专注于完成某个部分，这样工作就会变得简单。最好是制作一个详细的工作进度跟踪表，为各部分工作任务的完成设定一个最后期限，使自己产生一种紧迫感。

（2）改变工作环境

检查自己的书桌和办公室，如果存在一些可能干扰自己工作的事物，那就改变一下工作环境，消除所有干扰，关掉即时聊天工具，关掉音乐，关掉手机……将一切会影响你工作效率的东西统统关掉，全心全意地去做事情。

除此之外，我们还可以选择与那些行动力强的人待在一起，这样会使自己的工作热情倍增；也可以请同事或他人监督自己的工作，使自己产生一种有益的时间紧迫感。

【韩老师有话说】

做事拖拉是一种恶习，需要足够的毅力去更正它。你首先要做的就是消灭那些导致你做事拖拉的心理根源。之后还必须设定切实可行的计划，来逐步改变自己。你可以把生活工作中常拖拉的事罗列出来，按照重要性进行排序，并逐步进行改进，直到养成不再拖拉的习惯。

职场典型陋习八

粗心大意、冒失鲁莽是很多人职场失利的绊脚石。其实，很多人的工作无关乎创意，而更多的是需要脚踏实地、关注细节的工作态度。在同等条件下，老板通常会垂青那些谨言慎行的员工。可以说，一个人是否谨言慎行，在很大程度上决定他的成功之路能够走得多宽、多远。

下面是做事冒失的常见行为表现，请一一核查自己是否存在类似的想法或行为。如果你的答案是否定的，那么恭喜你，你已经具备了合格员工的一项必备素质；如果你的答案是肯定的，那么请遵照本小节内容加以改善，以此拉近你与成功的距离。

自我诊断

1. 将问题简单化，全凭个人想当然地去做事。
2. 没有调查清楚前因后果，便开始行动。
3. 不考虑执行细节便迅速行动，而在事后慨叹“没想到”。
4. 把复杂的事情简单化或者只看到一点成功的希望，就贸然行动。
5. 工作中常出问题，“大事不少，小事不断”。
6. 对自己草率行事的习惯表示忏悔，但是常悔不改。
7. 争强好胜，急于表现自己，但往往成事不足，败事有余。
8. 认为工作任务很小，不值得费心费神。
9. 不关注细节，常常在细节处出错。
10. 说话不经大脑，经常言语失当，惹人不快。
11. 性格比较急，只想尽快知道结果，而往往不考虑结果如何。
12. 做事匆忙，往往一件事未做完，又去做另一件事，或几件事一起做。

1. “想不到”的失败

比尔·盖茨怎么也没想到自己当初拒绝花费 20 亿收购的互联网公司竟然成为了自己强有力的对手——现在互联网领域的巨头 Google，现今唯一可与微软抗衡的公司。

道琼斯公司的老总怎么也想不到，曾经被自己轻视的华人员工，却创立了中国最大的互联网公司——百度。他称之为自己犯下的最大的错误，也许当初只要拿出公司的十分之一或者百分之一的投资，就会成就一个互联网的巨头。

确实，人生总有一些意想不到的失败。

你是否也曾有过这样的经历：自己偶然想起的一个小小创意，却被主管接纳并夸赞；自己花费了很大的精力、千辛万苦赶出来的策划文案，却被客户批得体无完肤。

其实，工作中的这种意外无处不在。可有一种意外我们却是要时刻提防的，那就是对工作中可能遇到的难点或细节“想不到”。如果脑中没有这根绷紧的弦，那将导致“想不到”的失败。

西安某皮具生产企业的业务员王小波，业务能力不错，但做事冒失，“大事不少，小事不断”。

一次，公司订购了一批牛皮，老板安排他去审核合同。他认为对方公司已经是自己公司的老客户了，应该不会出什么差错，便未仔细审查合同。但是，王小波没想到的是，合同中有这样一句话：“每张牛皮大于 6 平方尺、有瑕疵的不要。”其中的顿号本应是句号，即：“每张牛皮大于 6 平方尺。有瑕疵的不要。”然而，仅仅是一个小小的标点问题，却使原本表达清楚的合同内容出现了截然不同的解释。对方公司钻了这个漏洞，所送的牛皮无不小于 6 平方尺，王小波所在的公司也因此损失惨重。

王小波的解释仍然是：“我没想到……”老板为这次巨大的损失感到非常痛心，见王小波仍然在为自己的失误找借口，就更生气了，随即辞退了他。

人们总是在做错事的时候，以“没想到……”作为理由。其实，“没想到”

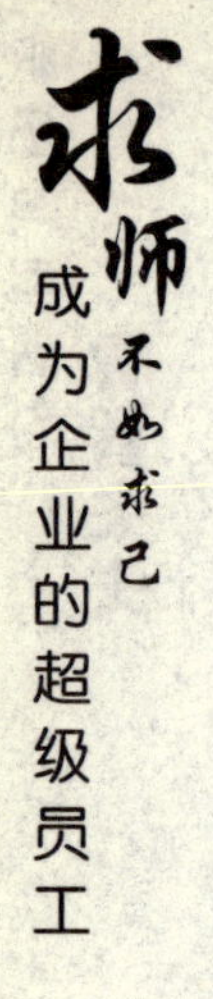

的根本原因就是工作冒冒失失，缺乏严谨的态度。不论是对自己太过自信，还是认为事情较小，都决不能轻视工作。否则，便会使工作完成得不够完美，甚至还会造成巨大损失。

【韩老师有话说】

人们常说："谋事在人，成事在天。"固然，一个人能否成功还要看能否碰到好的时运。可更多的时候，人们却将这话当成了"护身符"。遭遇挫折就怪时运不济；一旦失败就怪老天作对……长此以往，他将永远禁锢在"想不到"的失败漩涡中，无法自拔。

2. 丢三落四丢工作

当一个人做事冒冒失失时，他很容易忽视细节，以至于丢三落四：赶时间会见客户时，忘拿资料；辛辛苦苦加班赶出来的文稿，却忘了好好保存；给领导汇报工作时，顾此失彼，最重要的却忘提及……这类马虎大意的行为结果，虽是无心之过，却会给人留下"办事不牢"的不良印象，导致自身很难在职场上站稳脚跟，更别提获得长足发展了。

小玉曾是我的助理，她为人机灵、口齿伶俐，甚得我的赏识，唯一不足的就是做事丢三落四。而恰恰是她的这个毛病，让我付出了沉重的代价。

有一次，在陪我出差时，她忙乱地赶到机场，却忘记带机票和证件，不得不搭出租车回公司取。好不容易坐上了飞机，我本来希望趁空闲时间看一下客户的资料，却被告知资料落在公司了，没有带过来。气得我火冒三丈，狠批了她一顿。

之后给我致命打击的是她审核合同时所犯的错误。由于对方是公司的老客户，她觉得合同应该不会有差错，便未加细审。没想到，合同中竟然存在一处标点问题，使原本表达清楚的合同条款出现了截然不同的解释。对方钻了这个漏洞，使公司损失惨重。之后，我不得不将她辞退。

做事丢三落四的人是不可信赖的。无论领导交付给他什么任务，都要时刻担惊受怕，随时准备腾出手去帮他收拾“烂摊子”。而当这种“烂摊子”越铺越大时，领导自然会痛下杀手——裁人。

为什么一个人做事时出现丢三落四的行为呢？很重要的一个原因是其缺乏严谨的做事态度，对工作不够重视。因为，丢三落四的人往往犯下的都是一些常识性的错误，甚至对于同类的错误，还有可能一遍遍地重复发生。

要想改掉“丢三落四”的坏毛病，一味埋怨自己越来越健忘是无济于事的。你可以借助“每日工作备忘录”来时刻提醒自己，帮助自己更好地理顺思路，谨慎行事。

每日工作备忘录

日　　期：________________

待办事项1：________________

____

准备物品：________________

____

注意事项：________________

____

备　　注：________________

____

……

每天用便签制作一份“每日工作备忘录”，然后将它贴在比较醒目、自己时常能看得见的地方。当这项举措固化为一种日常行为并成为习惯时，“丢三落四”便会离你而去了。

【韩老师有话说】

很多企业领导和管理者都非常痛恨“丢三落四”之人。他们不会愿意，也不敢对这样的人委以重任。而对于员工个人而言，这意味着很难获得成功的机会；即便侥幸碰到了这样的机会，也可能因自己的丢三落四而与成功擦肩而过。

3. 鲁莽草率，必遭惩罚

即便公司门口贴上了“拒绝任何推销人员入内”的超大字条，可我每天还是会遇到一些胆大妄为的推销员。虽说我很讨厌这些不期而至的过路人，可每次当我空闲的时候，都会跟他们畅谈一番，讲些经验之谈。

推销员：请问你们公司对 ×× 产品感兴趣（有需求）吗？

我：你知道我们公司是做什么的吗？

推销员：额，我不太清楚。请问……

我：你连我们公司是做什么的都不知道，你还向我推销你们的产品？

话到这里通常会嘎然而止，绝大多数的推销员都会无言以对。之后，我会谈些轻松的话题来缓和气氛，同时告诫他：以后拜访任何客户都不要这样鲁莽草率，之前多做些准备工作，大致了解一下你要拜访的客户，做到有的放矢，拜访之前最好打个预约电话……

仔细想想，似乎每个公司都存在这样鲁莽草率的人，尤其是那些职场新人。**他们虽然朝气蓬勃，乍一看好像行动迅速，但往往不够踏实。**特别是当一些出乎意料的情况发生时，更会发现他们缺乏思考和应变的能力，其反应也越显迟钝。

多年前的一天下午，我使用的办公笔记本电脑突然坏了，无法正常开启。于是，我找来维护人员进行维修，由于临时有事，我需要外出与一位客户进行洽谈，于是嘱咐助理协助维修人员将电脑修好。

第二天早上，我打开电脑时，电脑可以正常启动了，可我存在桌面上的一些讲课资料和课件却不翼而飞了，而我明天上午正好有一堂培训课。我非常气愤，于是把助理找来责问，助理很无奈地回答道：“维修人员说要重装系统，问我桌面上的东西还要不要，我当时忙着整理资料，无暇思索就顺口说了句不要，结果……”

很多事情，只有亲身经历，你才会有深刻的体会。很多经验教训，你品尝到了，才会知晓它的惨痛。我万万没有想到，这样一位兢兢业业、任劳任怨的助理，竟然没有经过我的同意，就擅自替我做了这样一个错误的决定。

其实，她完全应该有这种意识，也有充足的时间给我打一个电话，询问一下我的意见。毕竟是我在使用这台电脑，我才有这个决定权。

在这个追求能力和讲究效率的时代，虽然人们都在强调“多能”和“效率”。但在某些情况下，不假思索、鲁莽草率行事，最终往往会适得其反。

（1）三思而后行

西班牙的智慧大师巴尔塔沙·葛拉西安曾告诫世人：“做任何事情都不要太匆忙，忙乱中容易出差错；也不要太轻率大意，不要急于表态或发表意见。”换言之，我们做任何事情，都应该三思而后行。

中国有句古话：“谋定而后动。”“股神”巴菲特就是这种人。对于没有把握的事情，他绝不轻易问津。在做任何事情之前，他都会先去了解背景、实际情况。虽然外界认为他做事的风险很大，但是实际上他早已经过周密计划和缜密思考，对成功胸有成竹。

（2）耐住性子，稳扎稳打

工作中要尽量避免急功冒进，贪多求快。很多人容易陷入一种怪圈，希望自己一口就能吃成个大胖子，能够一步到位，一出马就能拿下客户……其实，在做任何事情时，我们都必须耐住性子，稳稳当当，一步一步来。

比如，冒失的推销基本很难成功。聪明的推销员往往会改变策略，预先制定“拜访攻略”，然后按计划一步步执行，让客户越来越难以抗拒，继而达成销售目标。

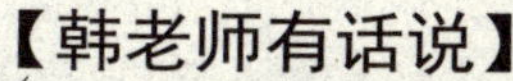

【韩老师有话说】

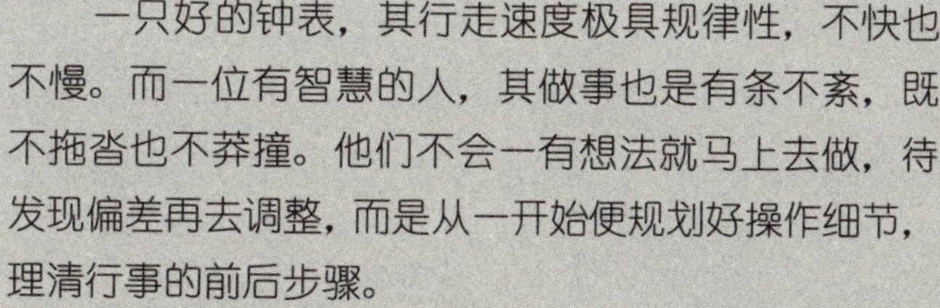

一只好的钟表，其行走速度极具规律性，不快也不慢。而一位有智慧的人，其做事也是有条不紊，既不拖沓也不莽撞。他们不会一有想法就马上去做，待发现偏差再去调整，而是从一开始便规划好操作细节，理清行事的前后步骤。

职场典型陋习九

一般而言，斤斤计较之人都太过于患得患失，对琐事过于计较。这种人不仅活得很累很辛苦，而且会时常不开心。当一个人太过计较眼前自己的得失时，显然是不利于其职业发展的。

下面是斤斤计较的常见行为表现，请一一核查自己是否存在类似的想法或行为。如果你的答案是否定的，那么恭喜你，你已经具备了合格员工的一项必备素质；如果你的答案是肯定的，那么请遵照本小节内容加以改善，以此拉近你与成功的距离。

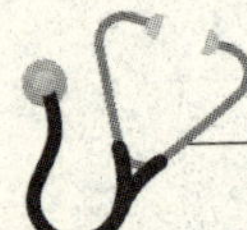

自我诊断

1. 对上司布置的临时任务想方设法推脱，工作能少做就少做。
2. 不是自己的本职工作，坚决不做。
3. 只做简单的工作，有难度的工作推给别人去做。
4. 不愿意接受需要承担重要责任的工作，以免背负责任。
5. 没有加班费，坚决不加班。
6. 上班时间不到，绝不早到；下班时间一到，立刻闪人。
7. 自己在经济上吃了一点亏，一定要通过其他方式补回来。
8. 为鸡毛蒜皮的小事，与同事争执得不可开交。
9. 发福利时，总希望自己获得的比别人的多。
10. 认为公司发展与自己毫不相关，自己要坚持“少付出、多回报”。
11. 谢绝与同事共同协作，以免耽误自己的业务进度，受到损失。
12. 不为同事提供帮助，事不关己，高高挂起。

1. 工作容不得挑三拣四

我们身边经常有这样一些人：总希望所有便宜都能够自己独占，费尽心机地琢磨工作中的各种便宜；总希望自己付出的比别人少，而获得的比别人多；为了一些小利益与人争执，对工作中的难题加以逃避；对工作中的好处争先恐后，从不考虑企业的大局，也从不顾虑别人的感受；工作多付出一点点，就以此为由要求补偿……从短期来看，这些人似乎很聪明，而且总因占便宜而自鸣得意。

但是，工作容不得挑三拣四。这些“聪明人”说到底就是喜欢占便宜。**所谓“聪明”，从老板的角度来看是缺乏敬业精神，从同事角度来看则是自私自利。**长此以往，必然会使老板和同事避之不及。更重要的是，一个在工作方面挑三拣四的人，绝不可能在职场上取得成功。

我认识一位中学副校长，他是物理学科的带头人。按理说，35 岁当上常任副校长，一定是大有作为。一次偶然的机会，学校与某科研单位合作，成立了一个学术研究中心，重点探讨青少年健康心理的培育问题。

就这样，他被外聘为该项目的校方负责人。但是，他在学校负责的是物理学科的教研工作，心理学自然不是他的专长。

事实也确实如此，为了该项目的良性运作，他忽视了本职工作，耽误了不少教学任务。

之后，按照学校的长远规划，学校将在某地级市建立分校。前期各项准备工作完成之后，校长与他进行了一次长谈，希望他能够去分校担任校长，把分校经营好，扩大学校的品牌影响力。

分校地处偏远、条件较差，况且他负责的心理疏导项目也有了起色。更重要的是，老校长再过几年就到了退休的年龄，他不想错过这次竞选校长的机会。于是，他委婉拒绝了校长的好意。

其实，这是老校长特意帮他向校董会申请的一个绝好的锻炼机会。其目的正是为了他将来能顺利晋升校长。毕竟他是六位副校长当中能力最突出的一个。

最终结果是，该心理疏导项目因为资金问题被终止了，他也因涉嫌这一敏

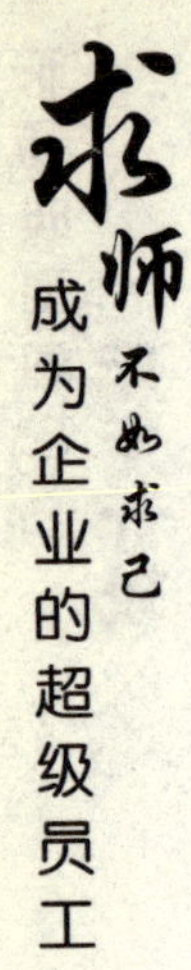

感事件而没能晋升为校长。

这位副校长也许没有想到，当他拒绝领导的安排时，也就切断了自己的职业发展道路。他根本就没有意识到领导让他去艰苦的环境中工作，不仅仅是学校的需要，也是给他自我历练的机会。

对工作挑三拣四的人，势必会因缺乏职业精神而不受重用；不愿意接受“苦炼”，则等于放弃了成功的机会。记住，工作是用来“做”，而不是用来“挑”的。

【韩老师有话说】

身处职场，能力上有所欠缺这没什么大不了，我们可以在以后的日子里不断强化它。关键在于不能缺乏良好的工作态度。如果领导每次分配任务时，你都挑三拣四，不情不愿的话，你是很难获得历练与提升的机会的。记住：你在挑三拣四的时候，领导也在“挑”你。

2. 工作中没有“不关我的事”

“这事不归我管，我正忙着准备会场拍摄器材呢。”

“我不负责这方面的工作，你找市场部的人帮忙吧！”

“出了这样的问题，要怪就怪 ××× 太大意了。”

……

很长一段时间，这样的话会不时地传入我的耳朵里。公司里总是有些人对工作的界限划分得很清楚，他们认为，工作就是完成分内之事，分外之事不属于自己的工作范围。一旦涉及他们认为的分外之事，他们就会找各种借口推脱；一旦工作中出现什么问题，他们就会把责任推得一干二净。

其实，很多公司都存在这样的通病：**部门或个体之间互相推卸责任，相互“扯皮”，导致公司内耗严重。**

我从就任公司总经理那天起，就立马着手整顿了这种歪风邪气。当天召开全公司大会时，我就明确指出，今后必须坚决杜绝此类“事不关己，高高挂起”的事情再次发生。

“大家摸着自己的良心想一想，公司里有哪件事你能置身事外？我们是一个团体，大家互相‘扯皮’，有事就推三阻四，能做好什么事？同事有什么事情，你帮一把又能怎么样？会掉一层皮还是会少一斤肉？”

我说完这话之后，会议室里鸦雀无声。最后我撂下一句狠话：“公司利润上不去，你们也拿不了多少奖金。如果以后你们谁对自己的奖金有什么疑问，别来找我。这不关我的事，你找财务去！”

这次会议之后，我明显地感觉到，公司的工作氛围发生了很大的改观。以前需要派发的工作，大家都能主动去做。遇到难以解决的问题，大家都能群策群力。

之后没过多久，我就到访了西安一家汽车制造企业，去参观他们的零部件组装车间。虽说里面都是流水线作业，可还是有很多工人在那组装与检测。我当时就曾冒出一个想法：如果这些工人都抱着“这不关我的事”的心态工作的话，这流水线还能正常运作吗？组装出来的零部件会有多少是废品啊？

一个人在工作时纠结于分内分外，这实际上是一种不成熟的表现。许多成功的人都知道这个道理：就责任而言，本来就没有分内分外之分。只要是与组织相关的事，即使并不在你的职权范围之内，但你作为组织中的一员，也绝不应逃脱组织的整体责任。如果你有机会结识一些成功人士，你会发现，在他们的人生字典里，从来没有“不关我的事”这几个字。

【韩老师有话说】

社会学家戴维斯说过：“自己放弃了对社会的责任，就意味着放弃了自身在这个社会中更好生存的机会。”同理，作为组织中的一员，逃避责任，就等于自动放弃了在组织中更好发展的机会。一些人的成功往往是从他们不纠结于分内分外事开始的。

3. 为“斤斤计较”谋出路

中国的汉字真是博大精深。我之所以发出这样的感慨，是因为我把“斤斤计较”和“较真”这个词进行了一番比较。

斤斤计较是指对无关紧要的事过分计较，而较真则是方言，是指：认真，太当回事儿。这两个词语都包含有计较、比较的意思，但斤斤计较却是重点强调对无关紧要的事过分计较。

“较真”是个中性词。也并非所有的“较真”都不必要。正是因为布鲁诺宁肯被烧死也要坚持“日心说”，李四光硬是较上了“贫油论”的“真”，袁隆平较上了杂交稻的“真”，科学史上才有了更多辉煌的篇章。

而一旦把“较真”的对象搞错了，那就成了“斤斤计较”了：在一些琐事、小节上过于“较真”，闹僵了与同事之间的关系；为“鸡毛蒜皮”而锱铢必较，为琐屑纷争而睚眦必报。这些就实在不应该了。

由此可见，**斤斤计较之人只是把“较真”的精神用在了错误的地方。**而要改正这种错误，他要做的就是为“斤斤计较”谋个更好的出路——把自己的“较真”精神用在该用的地方。

实战演练

为什么我的办公桌上老是堆满了杂物，看起来乱七八糟的？

为什么我总是不能在规定的时间内完成工作任务？

为什么一篇这么简短的策划案，竟然漏洞百出？

……

想想自身仍存在哪些缺陷，该怎样去改正？想想自己工作中还存在哪些问题，该怎么彻底解决？想想你对哪些事情还不太满意，该怎样力求完美？想想你对公司的现状有什么看法，能提出哪些有效的改善措施？当然还有很多很多，诸如这些才是你该“较真”的地方。

【韩老师有话说】

如果一个人“较真”的眼光很长远时，他不会局限于自身眼前的利益，而更愿意放眼未来。所以，他会更专注于提升个人能力、体现自我价值等。相反，如果一个人“较真”的眼光很狭窄时，他只会关注自己眼前的一亩三分地，深陷斤斤计较的泥潭而无法自拔。你是愿意做前者呢？还是后者呢？

职场典型陋习十

俗话说的“聪明反被聪明误”，指的就是恃才傲物之人。他们往往自恃才华出众，常常凭借自己的强势凌驾于群体之上，不仅破坏了整个团队的合作气氛，更会妨碍团队整体效能的提升。如此这般，受到孤立是在所难免的，更糟糕的是，可能还会招来“横祸”。

下面是恃才傲物的常见行为表现，请一一核查自己是否存在类似的想法或行为。如果你的答案是否定的，那么恭喜你，你已经具备了合格员工的一项必备素质；如果你的答案是肯定的，那么请遵照本小节内容加以改善，以此拉近你与成功的距离。

自我诊断

1. 动不动就得理不饶人，对同事们言辞犀利、恶语相加。
2. 对公司与同事评头论足，经常对其他员工进行不分青红皂白的指责。
3. 自恃才能突出，拒绝接受他人建议。
4. 认为自己能力突出，应得到提升，而不是平庸的同事被提升。
5. 私下里抱怨上级没有自己能力强，不配做管理层。
6. 对上级横挑鼻子竖挑眼，不服从管理。
7. 站在自己的角度，处处找上级的麻烦。
8. 只记得自己的功劳，忘记了别人的帮助、支持。
9. 向直接主管领导提出很多管理建议，如建议无果，就直接越级与老板沟通。
10. 因工作上取得了一些成绩而张狂得意，夸奖自己的话随口就来。
11. 说话、办事极为狂妄，不顾大局，不计后果。

1. 狂妄不是个性

一些人恃才傲物，狂妄自大，只因想显示自己的独特个性。他们“独树一帜”，并将此视为一种自信的表现。然而，这种“独树一帜”的个性绝非一种自信，而是一种浅陋无知。

一天夜里，一艘美国航空母舰在海上航行时突然遭遇大雾天气，能见度极低。舰长马上跑到舰上亲自指挥，以防意外情况发生。不久，他发现远处有一处微弱的灯光。于是，舰长马上让讯号兵给对方发讯号：“这里是USS甘乃迪号，请向东转15度，以免发生危险。”过了几分钟，对方回应道：“USS甘乃迪号请注意，请向西转15度避开我处。”

舰长看到对方发出的讯号后，不禁怒火中烧。他认为：“美国航空母舰是全世界最强大的战舰，岂有给其他船只让路的道理！”于是，他又向讯号兵下令：“重复，我是舰长，这里是‘USS甘乃迪号’航空母舰。请立即向东转15度，以免发生撞击。”随后，对方又回应：“重复，我是二等兵，这里是灯塔，请立即向西转15度避开。”

这个故事看起来非常可笑，但它却生动地展现了狂妄之人的骄横与自大的特性。希腊哲学家苏格拉底曾说：“我是无知的。”很多人半带嘲笑半带疑惑地问他：“您的学问如此渊博，可为什么您又常常对自己的理论表示怀疑呢？”苏格拉底马上在地上画了一个大圆和一个小圆，解释说：“这个大圆相当于我的知识，这个小圆相当于你的知识，虽然我的知识数倍于你，但我的大圆外面的无知部分也就相对越大，而你的小圆外面的无知部分相对较少，这就是我为什么时常困惑的原因。”

一个人的才能也好，知识也罢，就像苏格拉底的大圆和小圆，当他懂的越多时，反而会越谦虚。只有那些所知不多的人，才会觉得自己是超人。由此可见，任何时候我们都不应拿自己的狂妄当个性。

【韩老师有话说】

自恃才华出众、业绩骄人容易让人形成膨胀、张扬的个性以及做出一些越级越权的行为。这种人往往给上司或老板以不安全感。要想在职场中站得长久，那么就必须看清自己的位置，拎清自己的分量，清晰自己的工作范畴和权限。

2. 自大终遭惨败

在中国历史上，西楚霸王项羽算得上是一个叱咤风云的人物。但是，当他在彭城以 3 万人打败刘邦 56 万人之后，便傲气横生，自以为是，认为自己勇猛无敌，事事一意孤行，不重视身边的贤才良将，最终落得个乌江自刎的结局。

他的悲剧警示人们：自大就是在自掘坟墓。一个人可以自信，但绝对不能自大，否则最终难免落得一个狼狈下场。可悲的是，历史总是在不停地重演。他们用铁的事实，印证了自大者终遭惨败的真理。

张杰是一家公司的业务精英，其头脑灵活，个人业绩在部门内更是出类拔萃。但是，他目空一切，动不动就“得理不饶人”，对同事言辞犀利、恶语相加，公司同仁对他颇有微辞。对于张杰的表现，上级多次找他谈话，他也满口答应日后会注意内部团结，但几天后，便故态复萌，依然我行我素。

助理王皓是仅有的勉强可以与张杰友好相处的同事，尤其当同事们向他发泄对张杰的不满时，他总是极力劝解，为张杰说了不少好话。但是，张杰全然不把王皓放在眼里，时常公开说王皓“没用”。一天，张杰因王皓在业务洽谈中多说了一句话，便将王皓一顿数落：“就你这水平，不要随便说话，净给我帮倒忙！”王皓听闻此言，面露尴尬之色。随后，王皓便向上级提交了不再担任张杰助理的申请。

虽然公司很看重个人的业绩，但是张杰的行为已经威胁到公司的良性发展，整个业务团队被他搞得人仰马翻。上级不得不将张杰辞退。而张杰离职时，公司竟然无一人为他送行。

古语有云：“以史为鉴，可以知兴替；以人为鉴，可以明得失。”我们在保持自信的同时，还应该时刻提醒自己不要骄傲自大。因为自大的人，往往不能正确地认识自己，也不能正确地看待别人，自大会使我们变得盲目和孤立，如此又怎能得到成功的眷顾呢？

【韩老师有话说】

自信与自大虽然仅仅是一字之差，在意义上却截然不同。在现实工作中，自信者关注于未来，而自大者沉迷于昔日的成就；自信者更倾向于埋头苦干，而自大者却恃才傲物、目空一切；自信者最终的结果往往是可喜可贺的，而自大者最终招致的往往是可悲可笑的结局。

3. 组织不需要独行侠

独行侠可谓是有个性、有魅力这一类人的代名词。在很多的美国大片里，时常能看见独行侠的英雄壮举。他们特立独行，个性突出，有勇有谋，救万民于水火，扶大厦之将倾。他们的经历奇幻怪异，他们的事迹气壮山河。

人们在观影时，视线往往聚焦在独行侠身上，无一不被他们感动，将他们奉为救世主。却很少有人会关注那些在独行侠背后给予帮助和支持的“劳苦大众”，听不到他们在欢庆胜利的英雄旁边发出的欢呼与掌声。

现实生活中亦是如此，很多人都忘记了这样一个事实：人民大众造英雄。

很早以前，我们就知道了大力神安泰因离开了大地母亲的滋养而被杀死的古希腊神话。心理学家也据此提出了一个“安泰效应”，特指一旦脱离相应条件就失去某种能力的现象。它警示人们，就算有天大的本事，假如脱离团队单打独斗，再英勇无畏的独行侠也注定不会获得成功。

团队与个人的关系就好比是鱼儿离不开水——团队中的每个人都是鱼，而团队就是水。无论你从事怎样的工作，你都会处于一个团队之中。正是所有团队成员的协同努力，个人的才智才有了发挥的平台，个人的能力才能创造更大的价值。

每一位员工都应该反省自己，不要成为组织中的独行侠，如此才能在组织中获得一席之地，从而得到长足发展的机会。

（1）转换自己的心态

一个人再怎么能干，他也做不完企业里的所有工作。工作中你总有需要别人帮助，同事配合，领导支持的时候。千万要记住：如果失去他们的支持，你一辈子就只能操劳忙碌。

工作中，我们必须浇灭“精英意识”，杜绝“独行侠”的思想，与“自视清高、狂妄自大、恃才傲物”坚决作别，用平等的心看待工作、看待同事。

（2）转换自己的角色

组织不需要独行侠。现如今的事业是集体的事业，现如今的竞争是集体的竞争，一个人的价值只有在团队中才能得到充分体现。能否与他人合作，是决定你事业成败的关键因素。作为企业员工，不管是管理者还是基层员工，都要重新定位自己，做好自己的本职工作，充分合作与授权。只有信任并且尊重别人，别人才会信任并且尊重你，你的职场之路才会越走越宽。

【韩老师有话说】

团队是个人的力量之源。一个人一旦恃才傲物，脱离了团队，便很容易使自己陷入孤立无援的境地，更不利于组织发展。一个人即使有常人所不能及的才华，也需要团队成员的密切合作才能够创造出一流的成果。

职场典型陋习

以“薪水为王”作为工作理念的人，他们的口头禅是：“给我多少钱，我就干多少活！”他们认为工作只是自己与老板的一种交易，故而总以错误的“等价交换”来衡量工作。久而久之，他们只为“金钱”工作，成了“金钱”的奴隶。

下面是“薪水为王”的常见行为表现，请一一核查自己是否存在类似的想法或行为。如果你的答案是否定的，那么恭喜你，你已经具备了合格员工的一项必备素质；如果你的答案是肯定的，那么请遵照本小节内容加以改善，以此拉近你与成功的距离。

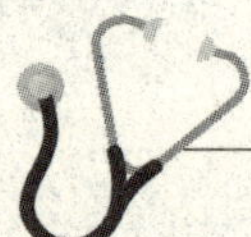

自我诊断

1. 工作的唯一目的就是为了赚钱。

2. 给多少薪水，就干多少活。

3. 将工作质量与薪水等价，只要对得起老板支付的薪水即可。

4. 为少付出劳动，而想出各种应付方法，并因此沾沾自喜。

5. 同事朋友之间为薪水而互相攀比。

6. 如果薪水不满意，立即选择跳槽；为获得更高薪水，选择频繁跳槽。

8. 找到高薪工作后，立即辞职走人，不考虑曾着手的项目是否可能半途而废。

9. 做好分内工作就下班，绝不承担任何不能获得薪水的额外工作。

10. 认为老板为人苛刻吝啬，没有必要为那么少的薪水而努力工作。

11. 认为提高个人能力的结果就是被老板压榨更多的剩余价值。

1. 别信那些大忽悠

首先，我要问大家一个问题：“假如你有 500 万人民币，你还会从事你现在的工作吗？”

我想，绝大多数的人都会给出这样的答案：傻子才继续这样干下去呢！有了 500 万，我不仅不愁吃穿、养活全家，就算在上海买房买车都足够了。

这代表了很多人内心的真实想法。

诚然，在如今国富民穷、物价飞涨的大环境下，很多人工作的本能目的就是为了生存、养家糊口，为了生活得更好一点。

漫画家朱德庸曾经坦言：“说到每天上班 8 小时这件事，其实是本世纪人类生活史上的最大发明，也是最长一出集体悲喜剧。你可以不上学，你可以不上网，你可以不上当，你就是不能不上班。”

确实，上班族就像“钟面上的指针”一般，嘀嗒嘀嗒，日复一日，年复一年，跑都跑不掉。

可以说，**为了生存而工作，为了赚钱而卖力，这是绝大多数上班族的无奈选择，同时也是其工作的内在驱动力。**

可很多书籍、培训课程却刻意地回避，甚至是隐瞒这个事实。很多的培训师在讲课时，总会讲一些“为薪水工作，我们将会平庸，不会有成就感。我们应该从工作中获得快乐、成就感，这些是不能用钞票来衡量的”之类的大话空话。他们忽悠学员的原因只有一个——老板喜欢、乐意他们这样讲。

这种漠视人性的观点与言语，蒙蔽了多少人？

我始终认为，为薪水而工作，这是人们最基本，也是最优先考虑满足的需求。根本就用不着遮遮掩掩，藏着掖着。

我在与来公司应聘的人进行面谈时，总喜欢询问的一个问题就是：“公司的薪资水平可能与你的期望有些差距，你是否介意？”

70% 的应聘者都会回答：“我不介意，我看重的是你们公司的潜力，我想我在你们公司能够大有作为。”每当听到这类话时，我心里都会非常不好受。

这样的回答不就是言不由衷吗？说直白一点，就是口是心非。

我非常乐意听到这样的回答："我当然介意了！我工作首先就是为了赚钱，不赚钱我何苦早起晚归，天天卖力干活啊！"

这样的回答很直爽，是发自内心的真实想法。我很欣赏。不仅如此，我更容易与这样的人达成共识，既然都是为了赚钱，以后的工作就更容易开展。

【韩老师有话说】

人们工作的最原始的驱动力就是为了赚钱。我们在任何人面前都不需要遮掩自己内心最真实的想法。同时，任何的培训课程或者励志书籍，只要它在刻意隐瞒这种最基本的人性需求，你千万别上当，果断走出会场或者将这种忽悠你的书籍扔进垃圾桶吧！

2. 职场跳槽的误区

这里，我要问大家第二个问题："假如你年薪只有 8 万，而有公司给你年薪 10 万，你会果断跳槽吗？"

这个问题你不太好回答吧！

是的。这是因为两种薪资的差距不算太大，很多人只有综合权衡各种利弊之后，才能给出一个明确的答案。

古语有云："仓廪实而知礼节，衣食足而知荣辱。"如果借用在职场上，就是你得自己先有能力养活自己，然后才会考虑精神层面的追求，比如工作氛围，人脉拓展，资源统筹，未来的发展前景等。

这也证明了一点：薪水并非任何时候都是王道。

时下常见这样一种现象：很多人为了薪水而跳槽！这些人将自己任职的单位视作加薪的跳板，一有机会就按捺不住跳向薪水更高的地方。

这其实是一种急功近利，不成熟的行为。这是因为，赚取薪水并不是我们工作的全部意义所在。

很多人在认识上存在这样一个误区：将薪水与自己的工作付出等价交换，"老板给多少钱，自己就干多少活"。他们可以考虑薪水的多寡，但是却不明白：

老板能给予的仅是一定数量的金钱；只有自己，才能从工作中获取更多有价值的内容。对于人们可以从工作中获取到的价值，有人曾列了这样一个公式：

工作价值＝薪水A+职业习惯B+职业能力C+职业素养D+人际关系资源E+……

其中，ABCDE等与薪水都属于工作价值的一部分表现。不过，这部分薪水之外的价值体现却常常被人们所忽视。也正因如此，很多人会奋不顾身地为一点点薪水的提高而跳槽。

其实，在进行是否跳槽的抉择上面，聪明的做法就是，以工作价值为基准进行权衡，而不仅仅是简单的“薪水为王”。

【韩老师有话说】

人们对于薪水常常缺乏更深入的认识和理解。其实，薪水只是工作报酬的一种金钱结算，我们更应关注自己所从事工作本身的价值。比如，困难的任务能锻炼你的意志，新的工作能拓展你的才能，与同事的合作能培养你的人格，与客户的交流能扩张你的人脉。记住：薪水为王不如价值为王。

3. 绝不只为薪水而工作

接着，我要问大家第三个问题：“假如你有100万人民币，你还会工作吗？”

大家的回答肯定是各式各样的：

“开什么玩笑，100万有这么好赚吗？你给我啊？”

“才100万？就这么点钱管什么用？给我300万吧，这样我就再也不需要工作了。”

“如果我真有这个资本，我会马上辞职，然后自己创业，赚更多的钱。”

……

“马上辞职，然后自己创业，赚更多的钱。”我想这句话说出了很多上班族的心声。而绝大多数人上班的初衷就是为了——积累原始资金，然后自己创业。

“股神”沃伦·巴菲特曾经说过：“一个人生活在世界上，需要去挣钱，但是不能被钱所羁绊。金钱是为人服务的，人不要为钱劳累。”

的确如此，**人们可以通过工作来积累财富，并用这笔财富来为自己的人生梦想服务，而绝不能让自己沦为金钱的奴隶**。更值得一提的是，仅有财富的累积，是远远不够为你自己的人生梦想保驾护航的。

研究生毕业之后，小伟在一家会计师事务所当审计，尽管年薪有10万，但与数字打交道的生活太单调。两年之后，他积累了足够的原始资本，便从公司辞职，在海淀区某高校旁开了家小饭馆。

可由于管理不善，成本居高不下，饭馆始终无法盈利。之后还因被人举报卫生环境不合格而遭罚款。最终，由于资金链断裂，饭馆不得不关门大吉。

从老板到无业人员，花光了所有积蓄的小伟不得不重新开始。“当时正好看到一家媒体在招人，虽然薪水不高，一个月到手的也就7000元，但一来媒体是自己喜欢的职业，二来也能发挥自己的财经知识，三来也想通过媒体结识些圈里人，积累些人脉资源。”抱着这样的心态，小伟在这家公司担任了财经记者。

四年之后，小伟又辞职了，他自己开了一家广告公司。之后，公司越做越大，业务也越来越多，净利润连翻了好几番。

第一次创业的失败和第二次创业的成功形成了鲜明的对比。而小伟第二次创业的成功，是有其必然性的。

第一份工作学到的财务方面的知识，使其具备了出色的理财能力；第二份工作结识的人脉圈，使其具备了开拓业务的广阔资源。可见，任何一份工作，只要我们用心去做，总会有所收获。而这些收获，不仅是在为下一次机会积蓄力量，同时也是为你将来实现人生梦想奠定基础。

【韩老师有话说】

如果你真的只为薪水而工作，你一辈子都只能领到微不足道的薪水，而不能让自己得到历练，让自己成为真正创造财富、实现人生梦想的人。因为，你今天的工作态度决定了你明天是否会成功。

最有价值员工应当具备的六大特质

何为最有价值的员工？对于企业来说，能够以最少的投入，使产出最大化的员工，便是最有价值的员工。对于员工来说，能在企业里最大限度地体现自己的价值，便是最有价值的员工。

人的价值高低取决于对社会、对家庭以及对企业所作出贡献的大小，而贡献大小则是通过他所从事的事业的完成、取得的成果来进行评价的。因此，最有价值的员工，首先应是一个成果的缔造者。过程固然是重要和必须经历的，但如果没有成果作为保障，则一切过程都是徒劳的。员工的价值首先体现在为公司积极创造成果上面。

在企业这个特定的组织中，很多时候是以团队合作的形式来开展工作的。作为员工，其在团队中充当何种角色，取决于他在团队中所承担的责任的大小，以及在团队中的影响力大小。因此，一位最有价值的员工必然是责任的承担者，忠诚的守卫者，敬业的带动者，感恩的回报者。这就要求员工尽职尽责，忠于职守，爱岗敬业，为团队出色完成自己的本职工作；同时，应站在更高的角度审视工作，审视同事，懂得付出，做一个感恩的回报者。

当然，人们最终所追求的是其自身的人生价值，一切努力都要回归自我。光纸上谈兵终将一事无成，只有行动才能让蓝图变成摩天大楼，所以最有价值的员工应该是人生价值的践行者。懂得将梦想转化为毕生的事业，秉持“工作就是我的事业”这种思想觉悟，同时能满怀热情积极付诸行动之人，才是真正意义上的最有价值的员工。

一 让自己成为

“得过且过”、“碌碌无为”这两个形容词，最能代表很多企业员工的工作心态，由此衍生出来的“混日子”、“打发时间”、“只管完成任务”等职场万象，几乎每天都在轮番上演。它侵蚀着企业的活力，也更具蒙蔽性，后果严重却难以被发现。这是员工的一种隐性渎职，因为他们忘记了工作的根本要旨之所在——缔造成果。

1. 成果彰显尊严

在姜岚昕老师的“总裁思想风暴”总裁研修班的演讲会场上，他总结的“企业领导选人、用人四准则”时常会激起在场广大总裁们的共鸣。在这四条准则之中，最首要的一条就是：**员工能否为企业提供成果、创造价值。**

在市场经济条件下，企业是一个以盈利为目的的商事组织。唯有盈利，企业才能生存与发展。而企业能否盈利，是建立在员工提供成果、创造价值的基础之上的。这也就是说，领导者评价员工优劣的重点是其工作成果。

他们很少关注员工在工作过程中是否出现了问题、出现了什么问题，他们关心的是问题有没有得到解决，有没有取得成果。可以说，成果是员工安身立命之根本，它关乎着员工能否在公司里立足、扎根。对于这一点，我深有体会。我愿意用自己的亲身体验，与大家共勉。

我是杨凌职业技术学院 2004 界毕业生。那年的 1 月 1 日，我以实习生的身份就职于西安世华公司。刚开始上班，我给客户打电话时，总是羞羞答答的，连话都不会说。所以，一般打过去的电话都会被客户无情地挂断。我去拜访客户，在西安高新区挨家挨户地扫楼，一星期走下来，没取得任何成果。第二个星期，我被姜岚昕老师评为“五无”青年（要能力没能力，要经验没经验，要资源没资源，要学历没学历，要形象没形象），并被无情劝退。我当时感到十分羞愧。

当人力资源经理要辞退我时，我恳求他再给我一个月的时间。之后，我每天早上第一个到公司，把总经理办公室和办公大厅打扫得干干净净，一有会务我就会争先恐后地去做，只要有谁要送票我就争先恐后去送，我希望给别人一个好印象，我以为这样的付出可以改变我在公司所谓的面子和形象问题，结果我错了。当我被同仁们嘲笑没本事，做不出业绩时，我才幡然醒悟：要想在这个公司真正有面子、有尊严，就必须做出业绩。此后，在整个公司里，我打电话最多，拜访客户最多，搜集客户资源量最多。第二个月，我做出了除了管理层以外前三名的业绩，到第三个月的时候，我做出了除了管理层以外的第一名的业绩。

几个月后，我的导游证也下来了。老师给我介绍了宝鸡一家公司做导游，同学们也都劝我另谋出路。可公司同仁都希望我能留下来，此刻我明白了，我从一个被公司劝退的人，变成了一个被公司挽留的人；我从一个被别人看不起的人，变成了一个被别人重视的人；我从一个没有价值的人，变成了一个有价值的人。我改变了自己，只因我拿到了成果。

没有功劳，苦劳就是“白劳”。作为员工，尤其要记住并懂得这句话的警示意义。要知道企业是靠成果生存的，如果我们每个人都满足于苦劳，满足于“我尽力了，结果做不到我也没办法”，那么公司是无法生存的。

在工作中，我们要完成任务，但更要提供成果。成果对业务部门来讲，就是做出业绩，对于一个非业务部门的员工来说，就是把事情做到极致，做到让自己感动，让身边的人感动，做到让自己有成就感和价值感。

事实上，成果不仅关系到你在企业中的“地位”是否牢固，而且也是决定你薪酬水平高低的关键因素。而高额的薪酬最能体现你的价值与尊严。

2012年新年伊始，很多同仁在分享感受的时候，都觉得不平衡，觉得很不舒服，觉得回去的时候没能给家人争光、争面子，发现了自己跟别人经济上的差距。为什么别人有车、有房，过得比我们好？最根本的原因是什么？

我说我2004年回家的时候不如人，我2005年回家的时候不如人，我2006年回家的时候不如人，我2007年回家的时候还不如人，我还是抬不起头，因为我的亲戚都很有出息，办企业的办企业，做公务员的在政府任职，有的是校长，有的是企业家，别人回去都开着车，我还是坐公共汽车，我被别人看不起，我说从2008年开始，我就慢慢被别人看得起了。我说今天不被别人看得起，是在激励未来的时间我们被别人看得起，所以我们自己要学会调试内心当中的这点不平衡，为什么别人过得比我们好，是因为别人做出成绩来了，所以比我们过得好。

我们同仁谈钱，我说谈钱不俗，因为我们要有爱的能力，我们要去爱那些帮助过我们的人，我们要去爱那些需要我们帮助的人。有一位同仁讲，经济基础决定上层建筑。她说她回去的时候，给她母亲发了一万块钱的红包，给她婆婆发了一万块钱的红包，她在她婆婆家里觉得很有面子，她在她家里也很有面子，要想在家庭里面有地位，就必须让自己有成果。

取得工作成果的大小，造成了员工之间在薪酬上的差异。同在一个企业中如此，身处这个社会中亦是如此。与其羡慕他人有钱、有地位、有面子、有尊严，不如自己勤勤恳恳取得成果，拿到高薪，用成果证明自己的价值，彰显自己的尊严。

如果你是一名业务员，或者是处于基层的员工，你必须让自己有成果，因为你要证明自己，你要拿到高薪；如果你是一个团队的领导者，你一定要让你的团队有成果，你要让你的团队证明自己的实力，你要带领整个团队拿到高薪；如果你是一家公司的负责人，你一定要让你的公司有成果，你要引领所有公司同仁拿到高薪。

我们工作的目的就是取得成果。没有成果，我们在职场中的生存地位就会岌岌可危；没有成果，我们就不可能有丰厚的薪酬回报。没有成果，你甚至会失去领导对你的信任，使得领导对你的工作能力产生质疑，更别说未来的职业发展了。没有成果，你在社会中就会处于弱势地位，被人瞧不起。因此，可以说：成果决定命运，成果彰显尊严。

【韩老师有话说】

成果才能证明面子，成果才能证明尊严，成果才能证明能力，成果才能证明实力，成果才能证明价值！如果在企业中没有面子、没有尊严；如果今天的你任人摆布，让人瞧不起；如果今天的你干着最苦的活却拿着最少的薪水，还始终得不到晋升，那你唯一能做的不是抱怨，而是让自己成为一个成果的缔造者！

2. 不出成果是员工的隐性渎职

俗话说：“一个萝卜一个坑。”任何一家企业都是以“创造利润”为目的，依据“定岗定编”的原则来设置公司的岗位和人员结构的。也就是说，每位员工都有其固定的位置，都有其固定的工作任务。当一位员工任职于一个公司，消耗着企业的资本投入，却不能创造出成果，致使企业“入不敷出”，这个工作岗位便失去了其原有的价值。从这一点来讲，不出成果，就是员工的隐形渎职。

（1）企业的资本投入有多大？

员工作为企业的重要资源，需要企业投入一定的资本才能使其创造利润。而作为员工，你也应该清晰地知道企业在你身上投入了多少资本，以便核算你是在为公司创造价值，还是在“啃”公司的老本。

◎ 岗位平台

你可能会为一个陌路人的点滴帮助而感激不尽，却无视朝夕相处的老板给予的种种恩惠，并将这一切视为理所当然，视为纯粹的商业交换关系。

其实，工作是老板给予你的恩赐。你从工作中所获得的一切，所享受到的一切都是企业为你创造的，这其中包括你的老板。老板给了你一个机会，给了你一个平台，为你提供工作环境、办公设备、为你的职业发展与人生价值体现提供了可能。

试想一下，如果你在岗位平台上拿着企业给你的薪水和报酬而碌碌无为，得过且过。那么，企业为你提供的岗位就不能体现其应有的价值。假如换个勤劳能干的人来代替你的职位，他也许就能创造更多的价值，为团队以及企业赢取更多的利润。**从这一点来讲，任何不称职的员工所损害的首先就是企业设定岗位的机会成本**。因此，岗位平台是企业在员工身上的第一项投资。

◎ **培养成本：培训费、精力、时间**

培养成本是指企业为了提高员工的业务能力或专业知识水平而进行的培训或教育所投入的成本费用和物资人力等。它包括培训费（培训教材、培训讲师、场地费、器具租赁使用费、受训人员间接成本等）、精力、时间。

企业培养员工并不是一件很容易的事情，它要花费大量的人力物力。不管是帮助你适应岗位工作还是获得能力提升，企业都要有培养成本的投入。企业所投入的培养成本是最直接的资本投入。

◎ **工作成本：工作工具、办公用品**

别以为工作就是老板发工资、我做事这么简单。在你付出脑力或体力的同时，企业还有很多看不见的成本。例如：不管你是作业人员还是白领，都必须做事，工作工具、办公用品都是工作成本。

通讯费，也是成本之一。与客户、厂商进行洽谈与沟通，电话费必不可少；外出办公，交通费肯定也少不了。

员工工作时的一切花销，都得企业来支付，这是企业最浅层的资本投入。

◎ **工作报酬：工资及各种福利**

劳动是价值创造的源泉，员工通过脑力或体力劳动的支出，为企业创造了价值，企业给员工支付报酬作为回报。工作报酬作为企业最大的资本投入，包括员工的工资及各种福利。

（2）价值是如何产出的?

资本的投入无非就是为了获取一定的价值产出。公司聘用你，无非就是希望你能创造价值，用工作成果回报公司。关于价值产出，我们可以通过企业“资本—产出”模型（如图 2.1 所示）来加深了解。

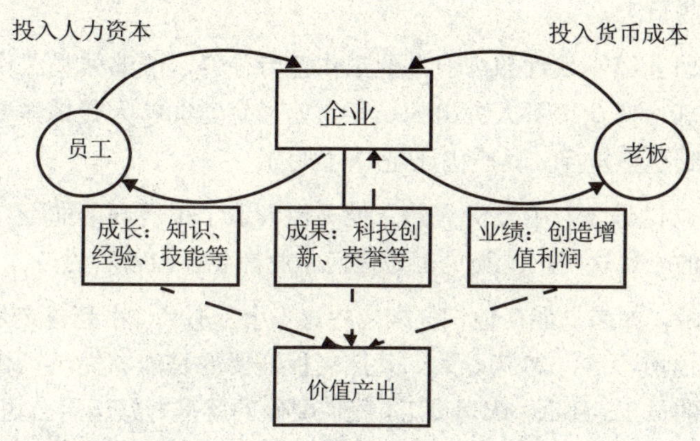

图 2.1　企业“资本—产出”模型

注：老板投入货币成本的同时，员工投入“人力资本”。在资本运作过程中，除了货币资本在周转中产生增值利润外，员工也获得了成长，其知识、经验、技能如滚雪球般越积越强大，另外，企业也将获得特定的成果，比如科技创新、荣誉等。

企业的资本投入并不都会得到价值产出，如果资本投入之后就像肉包子打狗一样有去无回，那么企业就会遭受损失。因此，企业领导者通常会根据资本投入的价值产出情况来确定选人、用人标准。

王宝开了家健身器械代理公司，聘用了 3 名刚刚毕业的大学生，小刘、小郭和小赵。作为业务员，3 个人的月薪相差无几，都在每月 1000 ～ 1300 元之间，并按销售业绩 20% 的比例提成，作为销售奖金。两个月后，3 名业务员的表现如下：

小刘：老实听话，但稍一放松管理就偷懒，工作不主动，在公司老是议论他人是非，而且喜欢拉帮结派，搞个人团体主义。他工作时间最长，但业绩为零，两个多月没有完成一笔订单。

小郭：勤奋耐劳，善于死缠烂打，他除了跑业务还经常被老板指派一些其他方面的工作，目前他是唯一任劳任怨的员工。虽然他来的时间不长，却也在第二个月勉强完成一笔订单，售出 3 台产品。

小赵：为人心思灵活，眼观六路，耳听八方，不像小刘那样偷懒，工作时也不像小郭那样憨，是与同事相处最融洽的员工。前两月的销售业绩为 10 台，目前小赵正在全力推动与一大客户的商谈，对方有意向公司一次性订购产品 30 台。

3 个月的试用期马上就要结束了，因为公司规模较小，王宝决定只留一人并予以重用。他会留下谁呢？

员工小刘不但不能提供工作成果，而且其品行也有问题。让这样的员工待在公司，不但白白损耗公司资源，而且有损害公司团结的危险。他是企业优先考虑要辞退的员工。

小郭虽然业绩不太理想，但是他工作任劳任怨，能够做些工作职责之外的事情，像小郭一样业绩不太突出的员工，如果企业能够为其搭建更好的平台，使其潜力得到充分发挥，其产出还是很可观的。

小赵可以说是 3 人中最优秀的。他不但创造了很可观的业绩，而且品行也得到了大家的一致认可，此类员工是任何企业都会争相聘用的。

作为老板，如果只能在他们 3 人之中选 1 个，那么，小赵肯定是最佳人选。古语有云：已所不欲，勿施于人。既然老板需要的是能够提供工作成果，为企业创造价值的员工。那么，作为员工，我们要做的就是好好运用公司的资本投入，争取价值产出的最大化。

【韩老师有话说】

如果员工只求做事而不是做成事，对任何单位和企业的发展来说都是致命的。这样的员工多了，就会形成一支思想涣散、没有思考力和战斗力的团队。可以说，出成果是员工就职的底线，做不到就失去了工作的意义，对于公司来说，就会造成直接的经济损失。作为员工，应当认清自己的工作使命，把问题留给自己，把成果留给老板。

3. 恪守以成果为导向的行动准则

我们知道，水的沸点是 100 摄氏度，当温度升到 99 摄氏度时，它还不是开水，其价值有限；若再添一把火，在 99 摄氏度的基础上再升高 1 摄氏度，就会使水沸腾，并产生大量水蒸气开动机器。

这就如同登山看日出，不管前面你费了多大劲，付出了多少代价，但如果最后没有登上山顶，那也等于是前功尽弃，最终看不到那最美丽的瞬间。

对于一件产品也是如此。前面任何一个环节都做得很好，但只要后面有一个环节出现了问题，就有可能使生产出来的产品变为废品。

我们在工作中出现的问题，往往都是一些细节、小事上做得不完全到位，而恰恰是这些细节的不到位会造成较大影响。对很多事情来说，**执行上的一点点差距，往往会导致结果上出现很大的差别，以至于最后得不到成果。**很多执行者工作没有做到位，甚至相当一部分人都做到了99%，就差1%，但就是这点细微的区别，使得他们在事业上很难取得突破和成功。

《华为人》上曾刊登过这样一篇文章，内容大致如此：因为华为人在标书上经常出错：有些地方懒得将中文译为英文，懒得修改名称，懒得用拼写检查工具检查拼写是否正确……最后不得不全部返工。有的员工最初狡辩：时间太紧了。但是，难道我们有时间返工，却没时间把工作一次做到位吗?

这是一次华为内部的自我反省。速度并不等于效率，不要认为工作不重要、不紧急，就敷衍了事、投机取巧。任何返工或不到位，都可能造成更多时间的浪费。既然你已经开始开展工作，那为什么不把工作一次就做到位呢？

事实上，这种因没有成果意识而导致返工的事例每天都在上演，它极大地吞噬了企业的活力。每天无数的企业和同仁都困在类似的陷阱中，上司为下属的劳而无功大发雷霆，下属为自己的劳而无获郁郁寡欢。结果上司训斥下属，下属责怪上司；上司脾气越来越大，下属抱怨越来越多，这就是企业普遍存在的执行力的“怪圈现象”。

王总通知下午2点开会，秘书小李发出通知。本来应该有20人参加，结果到开会的时间，人还不到一半。王总问秘书怎么回事。秘书说：“王总您看，我通知还没有擦掉。什么时间、什么地点我都写得清清楚楚，而且有几个人不在，我还专门给他们打了电话，发了短信。可是，腿长在他们身上，到底能不能来，我又怎么控制得了呢?

如果你是王总，你生不生气，为什么？

当公司王总布置开会这个任务的时候，他要的是20个人准时参会这样一个结果！但是，秘书小李只是发通知、打电话，并不管最终的实际结果，只是按部就班地把事情做了。这叫勉强完成任务。勉强完成任务，拿不到成果，不但不算有执行力，而且还是执行力的最大天敌和陷阱！

我们的工作不是以任务为导向，而是以成果为导向。当人们能够恪守以成果为导向的行为准则时，就会发现，一切都将发生改变。

三星是在索尼公司之后才开始开发笔记本电脑的，但是三星现在却走在了索尼公司的前面。三星活力十足，新品不断，而索尼的新产品却迟迟未能露面。

当年，索尼的笔记本电脑因其精巧的设计在市场上十分畅销。三星公司为了与索尼公司的经典产品一较高下，决心开发出比索尼 VAIO 更轻更薄的新款笔记本电脑。

于是，三星高层要求研发人员按照比索尼公司同类产品“薄至少 1 厘米”的高标准来努力。尽管在当时的情况下，三星几乎不可能完成这项任务，但是三星的研发人员经过 8 次反复的实验与提高，还是实现了这个目标。

当初，正值全球经济不景气、各大企业纷纷缩减研发经费之际，而主攻技术创新的陈大济和他的团队成员们勇敢地承担起责任，接手了这项艰巨的任务，并付出了极大的努力。

因为他们深知，如果达不成比索尼产品“薄至少 1 厘米”这一成果，三星笔记本电脑就无法超越索尼，就没有三星的强大！对公司负责，对成果负责，促使三星的研发人员不断克服技术难题，实现了在别人看来不可能实现的目标。

当全球最大的计算机公司戴尔看到三星的这项成就之后大吃一惊，赶紧派人到三星采购。为此，三星顺利从戴尔公司得到了 160 亿美元的大订单，三星一跃成为全球高端笔记本最大的企业之一。

树立对成果负责的工作态度，恪守以成果为导向的行动准则。这是所有优秀员工的共性之一。这需要员工具备以成果为导向的思维，并将这种思维融入到日常工作中去，使之成为一种行为规范。

（1）以达成目标为原则，不为困难所阻挠。在工作中，要以完成目标为原则，时刻牢记工作的目的是为了出成果，遇到困难的时候坚持目标在心中，努力克服困难。

（2）以提交成果为标准，没有理由和借口。在日常工作中，以提交成果为标准，秉持万事无借口的工作作风，工作中严于律己，对于工作任务，要按时保质保量完成。

（3）在工作和目标面前，没有“人情”可言，即便有再大的困难也要“拼”。坚决以成果为导向，看清自己的目标，历练万事无借口的处事风格，再大的困难都应尽力去克服。

（4）在客观的困难面前，你可以有很多理由与借口，可是在成果面前，却只有一个简单的问题：你能否按时并保质保量完成工作任务？这就要求你严格时间管理，放正工作心态。

（5）绝不轻言放弃。在成果导向面前，你常常不得不“死马当活马医”，不会轻易放弃，因为放弃就意味着投降。不论如何艰难，你都要学会坚持再坚持，绝不轻言放弃。

【韩老师有话说】

工作中，我们应该确立一个观念：执行就是不折不扣地拿到成果！在工作中一定要树立“成果第一”的工作理念，恪守以成果为导向的行为准则，要想方设法去实现企业和自己的目标，为企业创造效益。

4. 找对方法，出成果不再是难事

在向企业提交工作成果的道路上，你难免会遇到各种各样的问题与难点。事实上，正是这些问题与难点，成为了你创造成果的拦路虎，它不仅阻碍了你工作的顺利开展，同时也极大地妨碍了你修炼成为一名成果的缔造者。

余欣是一家杂志社的业务员，她的工作职责是负责协调公司与大客户之间关于定制杂志的制作、包装与发货等事项。她工作很勤快并且有很强的事业心，工作时都是全身心地投入。

可是，努力并不一定会有收获。尽管她工作很卖力，但是并没有得到业务主管的认可。因为杂志发出之后，经常有客户打电话向业务主管反应问题，表示自己对杂志或服务不满意。而这些问题主要集中在杂志附属礼品、包装以及发货等方面。

俗话说得好：“吃一堑长一智。”但是，此类问题并没有得到根本解决。于是，业务主管与余欣就工作进行了沟通。此时，余欣坦言：尽管自己很努力地防止工作中出现任何闪失，但是一些意外事件总会不可避免地出现。例如，客户原来要求的礼品是小坠饰，但是货发出之后，客户却临时要变更为另外一种礼品；杂志按原计划能送到客户手上，却在路上耽搁了几天。

业务主管认为她没检讨自己的问题，而是过分强调了一些突发因素，并责令她主动改善自己的工作方法，如果她的客户投诉率仍然居高不下，就让她另谋高就。

日常工作中，像余欣这样的员工不在少数，他们只知道埋头苦干，而从来不会去思考如何更好地工作；他们只希望自己勤勤恳恳的态度可以换来上司的肯定，却对工作方法的良好运用缺少关注。

作为员工，除了勤奋工作之外，你还需要运用高效的工作方法来确保自己的工作成果。我们可以看到，余欣在工作中所遇到的问题，主要是由于一些突发性的原因导致工作出现障碍和停顿，对此我们可以运用过程决策程序图法（PDPC）来解决：在制定计划的阶段或工作即将开始时，对可能发生的障碍（不理想事态或结果）事先加以预测，从而据此设计相应的对策措施，以最大的可能引向最终目标（达到理想结果）。

PDPC 法可分为两种：一种是顺向思维法；一种是逆向思维法。

顺向思维法：事先定好一个理想的目标（比如一个大的工程、一项具体的革新、一个技术改造方案等），然后按正常的逻辑顺序考虑实现目标的手段和方法。其重点在于，事先做好筹划，提前预测可能出现的所有问题。这样，在实施过程中，就不会害怕突发性的事故。

逆向思维法：从理想目标开始，考虑实现这个目标的前提是什么，为了满足这个前提又应该具备什么条件。一步一步逆向退回去，一直退到你做事的出发点。

通过正反两个方面的连接，倒着走行得通，顺着走也走得通，这就是 PDPC 法极其正确、客观的运作规则。

下面我们就来看看余欣该如何运用 PDPC 法来解决她在工作中所遇到的问题，来确保工作成果。其具体的解决思路如图 2.2 所示。

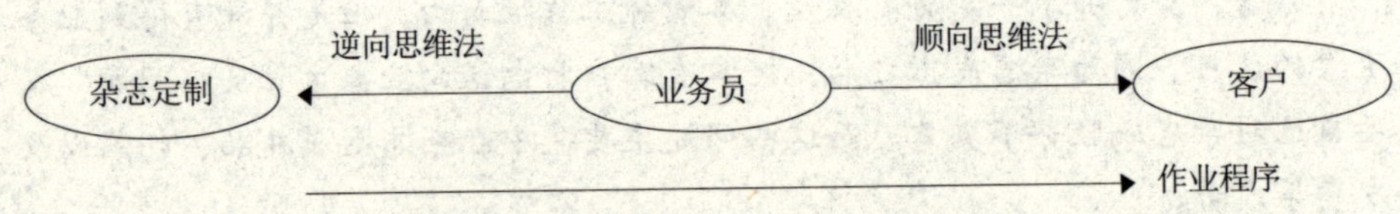

图 2.2 运用 PDPC 法预防现实问题

（1）对关键性要求给出明确的定义

业务员余欣在工作中扮演的是个中间人的角色，也就是协调杂志定制部门与客户之间就定制杂志的相关要求达成一致，任何歧义的出现都会导致客户的不满。因此余欣须对定制杂志的关键性要求给出明确的定义——确定客户对附属礼品、包装、发货等方面的具体要求，并形成书面文件。

（2）潜在问题分析

为每一个关键性要求记录下所有可能出现的问题（比如杂志不能准时送达给客户是什么原因造成的），并进行调查，此时可以采用“五个为什么”分析法。并列出产生每个潜在问题的各种原因及与问题相联系的风险。

（3）采取预防性措施

工作时，应积极预防意外事件发生，而不是在出现问题时胡乱应对。比如存在客户临时更改附属礼品的问题，余欣完全可以在定制部门下单前与客户进行最后确认，从而有效避免客户再次生变。

（4）视需要制订应急计划

有些问题会产生严重的影响，但又无法进行预防，即便采取了预防措施，在有些地方还是存在较大的风险，此时应制订应急计划，以备不时之需。

（5）列表分析

依据以上各点逐步思考，一个完整的事先预想克服障碍的方案已经成型，如表 2.1 所示。

表 2.1　将定制杂志送达客户

潜在问题	可能原因	可能性大小	限制风险的方法	剩余风险	应急计划
杂志不能及时送达	没有及时准备好	大	跟踪订单进度，督促杂志定制部门按时完成	低	在允诺的时间内给予最大的时间余地
	发货延误	小	亲自监督发货，而不是让别人来办	最小	不必要，风险可以接受
……	……	……	……	……	……

最后，当突发事件发生时，就可以遵照列表所列相关项目，采取预防性措施以及应急计划来使工作过程顺利进行了。

老板下个星期就要去美国出差，作为助理的你，如何确保老板的美国之行圆满顺利？

1. 作为助理，你需要做好的工作事项有哪些？

______

2. 在处理每个工作事项时，预设的难点有哪些？

______

3. 运用 PDPC 法，制作预防性措施及应急计划表。

______

你的成果压力从何而来？困扰自己的问题为什么始终无法得到解决？其实，并非问题太难而致使你无法解决，而是你没有找到正确的方法。当你在工作中被问题所困时，应学会大胆突破，学会另辟蹊径，运用一些特定的工作方法来解决，进而突破当前的工作瓶颈，为自己的工作成果保驾护航。

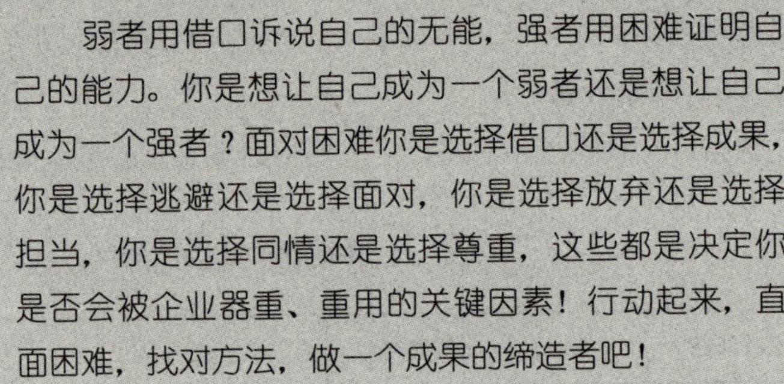

【韩老师有话说】

弱者用借口诉说自己的无能，强者用困难证明自己的能力。你是想让自己成为一个弱者还是想让自己成为一个强者？面对困难你是选择借口还是选择成果，你是选择逃避还是选择面对，你是选择放弃还是选择担当，你是选择同情还是选择尊重，这些都是决定你是否会被企业器重、重用的关键因素！行动起来，直面困难，找对方法，做一个成果的缔造者吧！

二 让自己成为责任的承担者

对于企业而言，对员工的首要要求便是敢于承担责任。几乎每一个优秀企业都非常强调责任的力量。对于员工而言，当他就职于某家公司时，就意味着他已经选择了这份责任。管理学大师彼得·德鲁克曾经说过："一个人有了责任心，才能有激情、有忠诚、有奉献，才有成就一切事业的可能。"可以说，"责任"是最基本的人格品质和职业精神，它可以让你在所有的员工中脱颖而出。

1. 责任心成就美好人生

责任心是一个人生命的脊梁。当你拥有生命时，也就必然要面对各种责任，因为责任与生命如影随形、不可分割。责任心是做人之本。活着本身就是一种责任。每个人从一生下来就要承担责任，你我都不例外。

一个人只有具备了责任心，才会把自己的生命与别人的生命联系起来，才会产生自我价值感，才能激发创造成就的动力，进而获得社会地位，成就美好人生。

（1）家庭责任催生强大内心

每个人的人生注定都是起伏不定的，都是在顺境与逆境之间长大的，当我不顺利的时候我就会给家里打电话，或者是回家。在我职业生涯道路上我最不容易的一段路程就是接手西安公司，这段人生历程我毕生难忘。因为当时我的心智还没有完全成熟起来，面对着公司繁多的问题，我寝食难安，即使偶尔睡着做梦了，也是公司的事，压力大到感觉自己的呼吸都不顺畅了，最后被老公送进了急诊室。那段时期我总觉得自己动力不够，于是我就请假回老家。

我老家是陕西的，我父亲现已经 60 多岁了，种了 10 亩地的苹果树。记得当时我回去的时候什么话都没说，炎热的七月，父母都还在地里干活。我跟着他们在苹果园里跑前跑后，我体验着他们的生活，体验着他们的工作，感受着他们的感受。

我父母都 60 多岁了，还过着如此艰苦的生活，还每天这样面朝黄土背朝天地劳作。我带着一份难受，带着一份内心的酸楚，回到了工作岗位上。我觉得比起父母这么多年的辛苦劳作，我今天这点苦算不上什么。我下定决心，回到岗位上我一定要做好，改变自己，改变我的家庭，我要我的家庭会因为我而改变。就这样，我不断地激励自己，一直走到了现在。

每个人都会有面临巨大挑战，甚至遭遇挫折的时候，当我们看到父母的苍老，看到亲人过得如此艰辛的时候，我们都会有动力，都会激发出更为强烈的改变家庭命运的责任心。所以如果当你事业遭遇挫折，不顺心的时候，给家里打打电话，也可以选择回家，使自己对家庭担负的责任内化为自己内心强大的动力。

（2）团队责任激发无穷能量

当我们走上工作岗位的时候，我们就要百分百地对团队和公司负责，但是很多人做不到这一点。很多人可以与企业同甘，但却不愿意跟企业共苦。企业和人一样，企业发展历程中也会坎坷不平，你要知道企业在什么时候最需要你，你在什么时候最需要百分百为企业承担责任。

2005 年 1 月 30 日，我们要在西安开一场有 5000 人参加的演讲。当时最大的挑战不是 5000 人的演讲，而是从开始启动到开课只有 13 天的时间。当时，我只是一个主管，按照既定目标，我每天至少要卖出 10 张票。这对我来说，是个很难实现的目标。当时，为了卖票，我每天工作到晚上 11 点多。第一天颗粒无收，这意味着第二天我必须卖出 20 张票，可结果还是一无所获。当我看到夏伟老师（现任世华智业集团副总裁）一遍遍打电话与企业家沟通，推销课程时，我很难过，我不忍心看到夏伟老师这样低三下四去求人家。我发誓自己一定要承担起来。于是，我动力十足，开始用演讲的方式去卖票。

那时，我晚上 12 点钟开始准备课件，3 点钟开始背稿子。累的时候掐一下胳膊，把自己的脸往冷水里泡，就是为了让自己保持清醒。

第一场演讲我成功地卖出了 10 张票，之后每天我都用这种方式卖票，白天讲课，晚上准备。最后因为太疲劳被送到诊所，医生说我神经衰弱必须休息，我说我不能休息，我说时间已经过去大半了，我们总共才卖了不到 1000 张票。我拔掉吊瓶后又回到岗位上准备开始演讲卖票。直到有一天我为陕西津凯锅炉有限公司高总他们团队演讲完毕之后，他发觉我气色不对，问我哪里不舒服，我说我工作太累了，每天睡眠不足两个小时。高总被我这种精神打动了，他说他一定要支持我，最后一共买了 100 张门票。

在回公司的路上，我手舞足蹈，高声呐喊。我觉得这一个星期的时间我感动了自己，这一个星期的时间我挑战了我自己，所以我眼泪止不住地往下流，那次课程我卖了 400 多张票，我取得了公司前 5 名的业绩。我用自己的实际行动挺住了痛苦，顶住了压力，担起了责任。

在这之后的日子里，每当我内心苦苦挣扎，千百次地想要放弃时，我就会想到自己的团队，想到这些年一直跟随自己、辛苦打拼的同仁。我知道，我现在已经不是一个人在战斗，我承载着全公司所有人的人生梦想，我肩负着沉甸甸的责任，这种责任就是带领自己的团队往更好、更强、更有竞争力的方向发展。此时，我的身上便充满了无穷的力量，也就有了继续前行的动力。

（3）社会责任成就大爱人生

姜岚昕老师是我最为钦佩的人，他也是我的人生导师。而他最能感召我的精神力量，不是他现在所取得的辉煌成就，而是他大爱天下的奉献精神。

功成名就之后，姜岚昕老师一直在为中国的慈善事业添砖加瓦。近十年来，他在全国上百所高校和中学，为超过20万学子免费义讲；他响应国家号召曾协助各种慈善机构和爱心人士至少做过60场以上的大型募捐活动，他发起成立“岚昕大爱基金”，首期向中华慈善总会捐款100万元，并将个人收入的9.9%持续捐献给“岚昕大爱基金”。他积极投身四川汶川抗震救灾；他捐钱捐物，大力支持家乡河南省的教育事业；他积极参与黄帝故里的建设，为陕西省捐建学校；他为青海玉树灾区捐赠300万元，为云南抗旱救灾捐赠60万元……

他散尽钱财做慈善，只因为怀揣一颗炽热的中国心。他用心践行使命，用力担负责任，用魂播撒大爱。他的事迹被全国180多家媒体争相报道，他不仅成就了自己的美好人生，同时也感动了很多的海外华人和华人企业家。

【韩老师有话说】

一个真正的责任承担者，首先要承担起对家庭的责任，因为家庭责任最能激发一个人最原始的动力。每当我身处逆境时，我会给家里打电话，或者直接回家。在体验了父母的生活与工作之后，我便会轻装上阵，奋发图强。是家人的感召与激励，使我有力量坚持前行！

2. 责任胜于能力

2008年9月15日，这个日益变小的地球上发生了一件令全世界人啼笑皆非，而全德国人却为之震惊的大事。

当天上午10点整，美国第四大投资银行——雷曼兄弟公司向当地法院申请破产保护。这一特大消息瞬间传遍了地球村的各个角落。可出人意料的是，在10点10分，雷曼兄弟公司即将冻结的银行账户里竟然存入了3亿欧元。这3亿欧元，正是后来被德国人称为“德国最愚蠢的银行”——德国国家发展银行，按照外汇掉期协议的交易（外汇掉期是一种利率产品，交易双方约定在特定时期以约定价格交换货币），通过计算机自动付款系统转入的。结果可想而知，这笔巨额汇款是肉包子打狗，有去无回！

转账事件发生之后，整个德国炸开了锅，德国财政部长佩尔·施泰因布吕克迫于压力，发誓一定要查个水落石出，并严厉惩罚相关责任人。

一家法律事务所接受财政部的委托，进驻该银行进行全面调查，先后询问了各个部门的数十名职员。几天之后，该事务所向德国国会和财政部递交了一份简单的调查报告（只简要记录了被问询人员在这10分钟内都忙了些什么）。你可别小瞧这份调查报告，因为答案就在里面。

首席执行官乌尔里奇·施罗德：按照协议预先的约定，今天要完成转账，至于是否撤销，需要董事会讨论决定。

董事长保卢斯：我没有收到相关的风险评估报告，自然无法及时做出决策。

董事会秘书史里芬：我曾多次打电话，向国际业务部催要风险评估报告，可电话总占线，我只能隔段时间再打。

国际业务部经理克鲁克：为了星期五晚上那场音乐会，我正在打电话提前预订门票。

国际业务部副经理伊梅尔曼：我工作太忙，可没空理会雷曼兄弟公司破产的消息。

全面负责雷曼兄弟公司相关业务的高级经理希特霍芬：我让文员负责上报雷曼兄弟公司的所有消息，当时我正在休息室喝咖啡呢。

文员施特鲁克：10点03分，我得知雷曼兄弟公司破产的消息，马上就跑到希特霍芬的办公室向他汇报，可他不在，于是写了张便条放在办公桌上，我想他一回来就可以看到。

结算部经理德尔布吕克：我没有接到任何停止交易的指令，只得按照原计划转账。

结算部自动付款系统操作员曼斯坦因：经理让我执行转账操作，我只得照办。

信贷部经理莫德尔：我得到了雷曼兄弟公司的破产消息，但我相信希特霍芬和其他职员的专业素养，也就没有提醒他们。

公关部经理贝克：我本来想跟乌尔里奇·施罗德好好谈谈这件事，但上午有会见客人的工作，我想下午再找他谈也不迟。

从表面上看，在这家银行，上到董事长，下到操作员，没有一个人是缺乏工作能力的，可悲的是，**在10分钟之内，每个人都开了点小差，加在一起结果就弄出了这么大的纰漏**。实际上，只要这些人里面有一个人认真负责一点，那么就可避免这场悲剧的发生。

责任胜于能力，已经成了全社会的共识。这世上没有做不好的工作，只有不负责任的人。只有履行职责才能让能力展现最大价值，相反，没有责任心，即便能力再突出也将一事无成。

事实上，有责任感的人总会受到领导的重视，企业也乐意在这种人身上投资，给他们晋升和学习的机会，提高他们的能力。一位让企业信赖的员工，才能有机会展现自我能力。

由此可见，责任心是工作能力得以发挥的前提。尽管每个人所从事的工作可能不同，每个人的工作能力也会有强弱之分，但最关键的一点在于有没有责任心。在工作中，我们要清楚并履行好自己的职责，发挥自己的能力，积极主动地完成工作。只有这样，才会有更好的发展，才能创造更美好的前程。

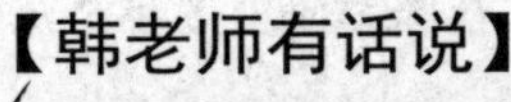

稍不留神，品牌就毁了；稍不留神，事故就发生了；稍不留神，灾难就降临了；稍不留神，企业就垮了。一个没有责任心的员工，随时都可能给企业或自己带来灾难，所以要让自己养成随时随地负责任的习惯。同样，作为一个领导者，也一定要养成随时、随地、随人、随事，教育员工的惯性。

3. 责任越大，职权也就越大

有价值的员工认为工作就是责任。他们无论身处何种职位，都会自觉地履行自己所担负的责任；无论他们做什么工作，他们都会力求做到最好。

事实上，**当一个人对自己和公司负责时，他才会认真地对待工作，努力做到最好，这样才会产生积极、圆满的工作效果。**相反，没有责任意识或不愿承担责任的员工，不可能将自己的工作做到最好，也不可能成为企业最有价值的员工。

小赵、小钱、小王三人大学毕业后一同进入到一家汽车制造厂工作。三人负责操作加工机床，试用期为一个月。转眼间，试用期就要结束了，三人怀着忐忑不安的心情等待着车间主任最后的裁决。

试用期最后一天是一个夜班。三人自认为表现不错，应该能通过试用期考核。可上夜班前，车间主任却对他们说："实在抱歉，你们三人都没能通过考核，上完夜班后，请你们离开。"说完，把这个月的工资交给了他们。

主任走后，小赵说："夜班时间到了，我们还是上班去吧！"

"都被炒鱿鱼了，还上什么夜班？你傻啊！"小钱冲小赵吼道。

"反正工资已经拿到手了，傻子才上这夜班呢！"小王气愤地说道。

没能留任，小赵心里其实很难过，但也不愿意因自己缺班而延误生产进度。"就站好最后一班岗吧！"小赵对另外两人说，但他们却头也不回地走了。

最后一个夜班，多了一份疲惫，更多了一份失落，小赵强打起精神，一丝不苟地工作着。下班铃响了，小赵忍不住朝车间里多望了几眼，竟有些依依不舍了。

突然，主任站在了他的面前，微笑着说："小赵，你的试用期正式结束了，明天到厂办公楼接受新职位的任命！"小赵听完，简直不敢相信，主任看到小赵满脸的疑惑，意味深长地说："你们三个人都很优秀，但我们只能留下最优秀的那个。你和他们相比，多了一份难能可贵的责任心，因此我们选择了你！"

有责任心的员工给人一种安全感，与这样的人共事，人们的心里会觉得很踏实。案例中车间主任看中的就是小赵的责任心。

再比较小钱、小王这些说小赵是傻子的"聪明人"，也许他们的工作能力很强，甚至是堪称一流，却每天都在为承担责任而斤斤计较，多干活就觉得委屈不公，看到负责任的同事辛苦工作，总是嘲笑他们是傻子。遇到好事，卯足了劲往前冲，遇到困难，轻描淡写地推给别人。这样的人会让企业担心，让人怀疑在企业出现危难时，他们会成为最先离开企业的人。

企业的发展、壮大需要一群有责任心的人，企业愿意信任一个能力一般却有强烈责任心的人，而不愿重用一个马马虎虎、视责任为无物的人，哪怕他能力非凡。

法国浪漫主义作家、人道主义的代表人物维克多·雨果在其所著《笑面人》一书中写道："我们的地位向上升，我们的责任心就逐步加重。升得愈高，责任愈重。权力的扩大使责任加重。"

在实际工作中，很多人都对责任存在一个感知误区，他们认为自己承担的责任越多，工作就会越辛苦，自己就会越吃亏。而一旦出现什么失误，到头来后果往往会由自己承担。正是受这种错误想法的驱动，他们在工作中总是拈轻怕重，消极应付。

其实，**一个人承担责任的大小，决定了他未来职务的高低，决定了他未来职权的大小**。随着个人职业生涯的不断向前发展，你所承担的责任自然会越来越多，所处的职务自然会越来越高，而你拥有的职权也会相应地越来越大。责任影响和决定职务层级，进而影响和决定职权大小，这是任何职场人士都无法回避的客观事实。

可以说，逃避责任，就是逃避成长。不能对工作负责，就是对自己个人发展前途的不负责。难道你想一辈子都在公司最底层的岗位上一直待下去吗？如果你还有积极的上进心，如果你还有达成梦想的进取心，那你就应该重拾自己的责任心，做好本职工作，一步一个脚印，踏踏实实地往前大步走。

【韩老师有话说】

视负责任的员工为傻子的言行与举止都是极其错误的！事实上，那些对工作不负责任的员工才是真正的傻子。看似有点“傻气”的对工作负责、实干苦干的人，却是真正的聪明人，这样的员工才是企业需要的有价值的员工，这样的员工才能成大事，才会拥有更美好的未来。

4. 吸引力法则：责任的“心灵感应”

曾有这么一个“笑话”：

某公司老总有一天带着助理到政府办公大楼办事。办完事后，他们就一起乘电梯下楼，电梯里也陆陆续续进来一帮人。突然，这位老总一不小心放了个响屁。大家的眼光一致转向了老总和助理。因助理和老总挨着站在一起。老总放屁之后觉得不好意思，见众人瞅他，更觉得尴尬。老总直接把目光移向了助理。助理一看老总瞅他，脸顿时绯红了，大声说：“不是我放的。”

第二天，助理被免职了。助理感觉自己没做错什么，要找老总评理。助理进办公室问老总：“你为什么要把我辞退？”老总余怒未消地说：“屁大点的事都不能承担，你还能干啥？”

助理一脸愕然，不知道如何作答才好。

这个笑话警示人们：在工作中，我们要敢于承担责任。乍一想，确实是这么一回事。但笑过之后，我又认真思考了一番：为什么我们会习惯性地将自己的过错推给他人来承担呢？显然，这位老总是在推卸责任，他的做法是错误的。

自己的失误应该由自己承担，即便自己是领导。而这种结果的产生也是有其必然性的。试想一下，一个不负责任的领导，怎么能要求其下属勇于承担责任呢？

物以类聚，人以群分。有什么样的领导，就会有什么样的下属追随。**你漠视责任，就会吸引来一批漠视责任的人。相反，你有强烈的责任感，你身边自然就会聚拢一批有责任感的人。这就是责任的“心灵感应”。**

在我办公室的墙壁上，悬挂着一张很有警示意义的照片。这张照片的主人公，正是世华智业集团董事，时任华夏管理学院党委书记的吴挺岸老师。

吴老师是世华的创始人之一，是陪伴世华已经有10个年头的元老。在这10年的时间里，他筹划和参与了西安世华的创业、上海世华的创业以及郑州世华的创业。

谈及这张照片的来历，那就得从一段往事说起。

2008年3月，郑州世华刚刚起步，吴挺岸给郑州团队定了一个业绩目标，并当即立下了誓言：如果郑州团队达不成这个目标，我将从洛阳徒步回到郑州，总共路程是180公里。

结果，3月份整个郑州团队因几个名额之差没能达成目标。很多郑州世华的同仁都希望和吴老师一起兑现这个诺言。可吴老师却坚持一个人走完了全程。

180公里的路程啊，吴老师总共步行了3天3夜。一路上他孤单一人，自己照顾自己，自己给自己打气。他的身体承受了巨大的挑战，他的内心更是承受了巨大的挑战。

吴老师想通过这种方式，告诉郑州团队的所有同仁，什么是真正的担当，什么是真正的信守承诺。他承担起了责任，不轻言放弃，他说到做到了。

回忆起当初开创郑州世华时发生的这段往事，吴老师感慨万千。他坦言：“我想通过这样的方式告诉公司的能人和老人，不要因为自己作出了一点贡献就开始向公司提条件、提要求，当你没能拿到成果的时候，扪心自问一下，你敢于承担责任吗？敢于狠心拿自己开刀吗？”

这张吴老师为了留做纪念，在其路途上的自拍照，被我“霸占”了。这是因为，我被吴老师的强烈责任感深深打动了。他让我明白了一个道理：一个团队的领导者，当发生了问题时，一定要敢于拿自己开刀，敢于对自己狠，只有这样才能激发出一支狼性、强悍的执行力团队！我想用这张照片来时刻警示自己：作为分公司的总经理，作为西安世华整个团队的领头人，我首先要做的就是承担起这份责任，发挥好表率作用。只有这样，我才能带出一个有责任心的团队。

实战演练

这个世界从来不缺少美，只是缺少发现美的眼睛；这个世界从来不乏有责任感的人，只是你忽视了他们。想想我们这个社会以及你工作的周围，有哪些是有着强烈责任感的人。

1. 在我们所处的这个社会中，有哪些用生命践行责任的感人事迹？

____

2. 你的周围，哪些人对工作认真负责、兢兢业业？你对此有何感触？

____

将记载着社会上富有责任感的人的报章做成便条，将工作周围认真负责的人的感人事迹写成短讯，张贴在自己的办公桌上。时刻提醒自己：尽职尽责，做一名负责任的人。

管理学大师彼得·德鲁克有句至理名言："责任保证绩效。"他认为，一个高效率的团队必然是由一群充满责任感的成员所组成的。

没有经历过痛苦的团队不会强大，没有经历过泪水的团队不会凝聚，没有经历过折腾的团队不会有生命力。试想一下，如果当初吴老师不能说到做到，他的团队能够日益强大吗？如果他当初没能信守承诺，他的团队能有强大的凝聚力吗？如果当初他没有勇气承担责任，他的团队会有旺盛的生命力吗？答案当然是否定的。

人们常说："心中有佛，处处是佛。"同样，当我们心中充满着责任感时，我们就能感觉到责任感无处不在。

责任感就像是一个磁场，会吸引同样有责任感的人，这不是偶然的相聚，而是吸引的力量。当你与一群同样有责任感的人一起共事时，你们将所向披靡，战无不胜。

【韩老师有话说】

当发生问题时，你要告诉自己：所有的问题都跟我有关，我也是问题的一部分，我只有更好地解决了我的这部分问题，才能更好地解决团队的整体问题。永远不要从抱怨的角度去回避问题，而应从担当的角度去解决问题！

三 让自己成为

何谓忠诚？《说文解字》一书中，对忠的解释为“忠，敬也，尽心曰忠”。古以不懈于心为敬，即竭诚尽责就是忠的表现；而“忠”字在构造上也有“存心居中，正直不偏”的含义，所以忠又为正直之德。而“诚”就是“不说谎，讲真话，说到做到”。

在我看来，忠诚就是人在、心在、魂在、不背叛、不泄露、问心无愧地投入，忠诚就是对企业和所在团队赤诚无私、尽心竭力的思想觉悟和道德操守。你身处一个团队就要忠诚于这个团队，你忠诚于这个团队的同时就是忠诚于自己的良知和道义，这样的生命才是高贵的，才是值得称道和赞扬的！

1. 忠诚的力量

首先，我要跟大家分享一个故事：

1942年3月，希特勒下令搜捕所有的犹太人，68岁的犹太商人贾迪·波德默决定向德国的非犹太人求助，争取得到他们的保护。

他的两个儿子认为，应该向银行家金·奥尼尔求助，因为他一直把波德默家族视为他的恩人。他曾多次公开表态：如果遇到什么困难，尽管找他。

波德默家族拥有潘沙森林的采伐权，在欧洲是知名的木材供应商。金·奥尼尔是一家银行的小股东，他因波德默家族的资助而发家。如今波德默家族遭遇灭顶之灾，如向他求助，他怎会袖手旁观？贾迪·波德默却不这样认为，他觉得应该向拉尔夫·本内特（一位木材商人，波德默家族的恩人，因受他资助，贾迪才有了今天的家业）求助。虽然两家现在很少往来，但贾迪·波德默一直感激和思念这位恩人。最后，贾迪·波德默说："你们还是向拉尔夫·本内特先生求助吧！虽然我们亏欠他太多。"

第二天一大早，两个儿子出发了。在路上，小儿子说，我们不能去本内特先生那儿，上次见到他时，他还提及那700吨木材的事呢。要去，你去吧！我要去求奥尼尔。最后，小儿子去了银行家那儿，大儿子去了木材商的家。

1948年，一个名叫艾森·波德默的人，从日本回到德国找寻自己的亲人，最后却一无所获。此后，他从纳粹档案中找到这样一项记录：银行家金·奥尼尔来电，家中闯入一年轻男子，疑是犹太人。一年之后，他又于奥斯威辛集中营的死亡档案中，查到他父亲、母亲、妻子、弟媳及六个孩子的名字，他们是在他跟弟弟分手后第四天被纳粹逮捕的。

1950年，艾森·波德默定居美国，于2003年12月去世，享年83岁，留下一部回忆录、两个儿子、三个女儿和九个孙子和孙女。他留下的一本回忆录主要讲述他如何在木材商本内特的帮助下，偷渡到日本，最终得以保全性命。

回忆录的封面上写着：献给父亲贾迪·波德默先生！封底写着：许多人认为，要赢得他人的忠诚，最好的办法是给其恩惠。其实，这是对人性的误读，在现实中真正对你忠诚的，都是曾经给过你恩惠的人。

看完这个故事之后，你有何感想？我的第一感触就是：忠诚是一种力量，它使得艾森·波德默拥有了第二次生命。同时，作为公司的总经理，我对这个故事的警示意义亦感触颇深。

任何一家企业需要的都是忠诚的员工。因为员工一旦背叛公司，公司往往要付出代价。这表现在很多方面：

员工的流失无疑是企业的一种人才损失。

很多时候，员工的离职往往会导致客户资源的流失。

一些骨干的叛离，会给公司致命的打击，甚至造成企业分崩离析。

……

正是基于以上这些因素的考量，很多企业的领导者往往会给予下属一些恩惠，以求他们回报给自己忠诚。

著名企业家冯仑在其所著的《野蛮生长》一书中也曾提及这个问题，他说："'野蛮生长'的企业家很多都深受'忠诚'之苦。""要想让人忠诚，你付出的成本也很大：一个忠诚的员工，他和公司领导的关系，是一个要求特殊回报的关系，因为忠诚一定要有回报。"

我也曾经一度是这样认为的，我也经常会通过给予下属一些恩惠来强化他们的忠诚度。可现在，我不再认同这种做法了。因为我更愿意从忠诚的本义来解读员工对企业的忠诚。

（1）忠诚是一种美德，并非单纯的交换

自古以来，忠诚就被人们视作为一种优良品德。人们钦佩那些忠于国家、忠于民族、忠于信仰的人，唾弃那些背叛国家、背叛民族、背叛信仰的人。

可以说，忠诚是一个人的内在品性，它是人们道德修养的一部分。如果用恩惠来换取他人的忠诚，这不仅是错误、不可取的，也是对"忠诚"的一种亵渎。更何况，忠诚是通过恩惠交换不来的。通过恩惠即便换来了忠诚，也是不牢固的、无法长久的。

（2）忠诚是一种能力，来源于员工对企业的认同

忠诚是一种能力，是其他所有能力的统帅和核心。因为如果一个人缺乏忠诚，他的其他能力就无法发挥应有的效能。

忠诚是一种能力，但具备这种能力有个前提条件：员工自身对其所处的企业有认同感。这种认同感体现在以下 3 个方面：

★ 认同公司的企业文化，并愿意营造公司良好的文化氛围；

★ 认同企业的管理机制，并愿意遵守公司的各项规章制度；

★ 认同企业的发展规划，并愿意实现公司与自己的“共赢”。

（3）忠诚是一种力量，取决于人们内心的坚守

我在观看电视连续剧《亮剑》时，被这样一个悲壮的场面震撼了：

为了掩护主力部队从日军的包围圈中顺利突围，独立团的骑兵连连长孙德胜不得不带领全连官兵与日军骑兵队进行正面搏斗。整个骑兵连与日军兵力悬殊很大。骑兵连战士们的子弹用光了就挥舞起战刀冲向敌人，每一次进攻，总会有几个战士倒下，直到拼杀到全连只剩下连长孙德胜一人。在被敌人砍下一条胳膊的情况下，面对众多的敌人，他毅然高呼“骑兵连，进攻”，然后勇猛地冲向敌人。

作为骑兵，他们并不是没有生存的希望，但是为了掩护全团官兵撤离，他们将自己的安危置之度外，奋勇地与敌人作战，战到最后一人，明明知道会死，还是要往前冲。观众被骑兵连这种英勇无畏、忠诚不渝的精神震撼了。

这种悲壮而令人动容的场景，在抗日战争、解放战争以及后来的抗美援朝战争中，不知道上演了多少次。中国人民解放军之所以能够以小搏大、以弱胜强，倚靠的就是成千上万的忠于祖国、忠于党、忠于人民的战士们。这就是忠诚的力量。

【韩老师有话说】

忠诚是一种美德，忠诚也是一种能力，忠诚更是一种力量。这种力量让人不怕挫折，不断克服前进道路上的艰难险阻；这种力量壮人胆魄，让人敢于走别人没走过的路；这种力量催人奋进，让人兢兢业业、心无旁骛地登上事业的高峰。

2. 维护好你的个人品牌

企业有企业的品牌，产品有产品的品牌，个人也有个人的品牌。微软是品牌，Windows 操作系统是品牌，比尔·盖茨亦是品牌。同样，世华是品牌，世华的一系列精品课程是品牌，姜岚昕老师更是一种品牌。其价值都是不可估量的。

在所有个人品牌的构成要素中，才华是居于最底层的，而忠诚永远是位居第一位的。在这个世界上，到处都是有才华的人，之所以很多都没有出头之日，我想他们除了才华之外，欠缺其他方面的品牌。

曾经闹得沸沸扬扬的华为“港湾劫”事件，让人们对企业品牌、产品品牌以及个人品牌的价值有了重新的认识和更为深入的思考。

事件的主角是华为最年轻的副总裁——李一男。李一男毕业于华中科技大学少年班，仅仅两天时间，他便被升任为华为的工程师；半个月的时间，他便被升任为主任工程师；半年后，他就是中央研究部副总经理了；两年之后，他就任华为公司总工程师。年纪轻轻，27 岁的李一男便坐上了华为公司的副总裁宝座。

2000 年，李一男拿着从华为股权结算和分红的 1000 多万元设备北上北京，创办港湾网络公司。李一男的出走，令任正非痛心不已。因为在任正非看来，李一男是一位技术过硬的难得人才，他的才华与技术令人钦佩。

李一男“出走”时，带走了不少顶尖的研发和销售人员，这让华为损失惨重。任正非的心情也从痛惜转变为了恼火。李一男创业后没再提过华为这两个字，丝毫不领任正非过去的“情谊”。他创立的港湾公司，由最初代理华为的产品到生产类似的产品，由代理商发展成华为的竞争对手。

2006 年 6 月 6 日，港湾网络与华为联合宣布，就港湾网络转让部分资产、业务及部分人员给华为达成意向协议书并签署谅解备忘录。之后，任正非在杭州会见了李一男等港湾管理层。任正非将他们之间的矛盾归咎于风险投资，甚至于对彼此之间过去一段时间的激烈竞争表示了歉意。任正非同时强调：“如果华为容不下你们，何以容天下，何以容得下其他小公司。”

2006 年 9 月，李一男重返深圳坂田华为公司总部，出任“华为副总裁兼首席电信科学家”。

李一男的回归，与其说是因任正非极力打压而不得已为之，倒不如说是李一男遭遇了一次个人品牌的“滑铁卢”。

李一男不仅是华为的元老，也是公司研发的奠基人。他 30 岁时就已协助华为突破 200 亿的大关，他的一举一动都会影响华为的发展方向。他的为人和能力在华为都是广为传诵的，用年轻有为、才华横溢来形容他一点也不过分。

可当他离开华为，开始“内部创业”之后呢？为了生存，他开始与华为进行正面竞争。因此，任正非也毅然决定“痛下杀手”。

你在公司之所以能取得现在的成就，很大程度上是公司的品牌与资源成就了你。而当你想着跳槽时，你是否考虑到了这一点？你的个人品牌脱离公司品牌之后，其价值所遭受的损失，你有过仔细考量吗？

同样是一双鞋，耐克售价600多元，李宁售价400多元，特步售价300多元，所以是什么牌子很重要。今天你在华为，别人可能因这个品牌而看重你，当有一天你离开了这个品牌，失去了这个品牌的光环笼罩，你还能像过去一样成功吗？

现任世华智业集团副总裁、世华智业企业管理咨询公司总裁的张轩逞先生，是世华的创业元老之一，他是我的良师，也是我的益友。曾有一段时间，出于家人的极力反对，以及外界的钱权诱惑，他离开过世华一段时间。之后当他重返世华时，在姜老师主持的一次晨会上，他分享了他离开世华这段时间的心得体会。他眼含泪水，激动地说："没有走对过，就不会知道走错的可惜！没有走错过，就不会知道走对的可贵！"

事实上，忠诚于公司，**并非说你要一生一世任职于该公司，并非要求你必须死心塌地为该公司服务一辈子**。首先，这是不现实的。其次，这并不一定有利于你的职业发展。很多成功人士，诸如李开复、李嘉诚等，他们正是因为精准跳槽，找到了一个更适合自己的更有含金量的平台，才有了今天的成就。

员工是否忠诚，不能简单地以是否跳槽为衡量标准。员工的忠诚，体现在其工作是否"在其位，谋其政，行其权，尽其责"。

2005年之后，我的工作有了很大的起色：我开发的客户越来越多，我创造的业绩越来越高，我也越来越得到公司的重视。正因如此，我受到的诱惑越来越多，很多公司都想把我挖过去。当我被其他平台吸引的时候，我并没有盲目地找一家自己看好的公司跳过去。因为，我有我自己的考量。

我会问自己几个问题：

★ 离开这么多年与自己一起打拼、成长的世华同仁，我以后会不会后悔？

★ 别人之所以吸引我，诱惑我，到底是因为我的价值还是世华的光环？

★ 我到那里的平台大还是在世华的平台大？

★ 我在那里的机会多还是在世华的机会多？

★ 我在那里的空间大还是在世华的空间大？

★ 我在那里增值得快还是在世华增值得快？

事实证明，我当初的选择是正确的，我扎根于世华，在世华不断成长，在世华得到了更大的发展空间。我为我能留在世华，同时取得现在的成绩而感到骄傲。与此同时，我也明白了一个道理：

在这个世界上，任何一个人，不管你在企业当中，多有价值，多有用，你的价值是因为公司的平台，你的价值是因为客户对你服务和产品的认可，你的价值是同事的努力，你的价值是相对价值。所以，哪怕做得很好，也不要居功自傲，而要谦卑奋进。

作为员工，千万不要因为看到对方给出的待遇好、职务高、福利好，就立马撇开自己的公司跳过去，你得好好想想，对于以上这些问题，你都想明白了吗？

我们都知道，一个人爬上一座山也许需要好几天，但掉下来只需几秒钟。当你从一座山上掉下来的时候，你是否还有爬上其他山的勇气？

同样的道理，也许你今天在现有的平台上当主管、当总监、当总经理，你可能积累了3年、5年，甚至10年的时间，而当有一天，你到另外一个平台上去发展，你所有的积累都会变为零，你又需要重新建立你的影响力，重新建立你自己的团队，重新建立这支团队对你的认知，你将面临更大的挑战、更大的困难，你能确定你有足够的勇气去迎接你将面对的困难和挑战吗？

因此，在高薪与任何的诱惑面前，我们都要坚定自己的信念，把握住自己的未来，维护好自己的个人品牌。

此外，初入职场之人，还无法形成个人品牌，只有在工作中，踏实干活，吃苦打拼，努力付出，拿到成果，才能获得认可，才能被业界认同，从而慢慢树立个人品牌。

千万不要害怕吃苦！吃苦打拼的过程是人生最好的修炼，是人生最好的沉淀，是人生最好的积累。获得成功是受苦受罪的，失败了同样要受苦受累。乞丐过的苦不苦？苦。企业家过的日子苦不苦？苦。与其承担一个乞丐所受的苦，不如承担一个企业家所受的苦。因此我们要告诉自己，沉下心来，获得积累，打造属于自己的个人品牌。

当然，当个人品牌形成之后，我们就应该重视它所具有的价值，要懂得珍惜。千万不要因一时的权钱诱惑而毁了自己的个人品牌。

【韩老师有话说】

诱惑是无形的陷阱！我们要用一生的决心投入一份事业，而且不为短期诱惑所动。挡不住短小的诱惑就会失去较大利益、长远利益，甚至还会葬送了自己原有的积累。只有不计较短期的得失，长久利益才会滚滚而来。

3. 忠诚≠盲目服从

在军队里，军人以服从命令为天职。而身处职场，则应以“忠诚高于服从”为行为准则。这也就是说：忠诚的前提，是对方值得忠诚；当对方不值得你忠诚时，服从于他，就是错误的；当忠诚和服从出现冲突时，应该选择忠诚，而不是盲目服从。

忠诚不是愚忠，服从不是盲从。如果领导错了，你还盲目地忠诚于他，你就是一个愚昧的人，一个不负责任的人，一个最不忠诚的人。

在现实生活中，很多人都狭隘地理解了忠诚。他们认为忠诚就是向领导效忠，像一只狗效忠它的主人那样，并且是无条件地效忠；他们认为忠诚于领导，就是绝对听领导的话，不论领导对与错。

比如企业里，很多员工在领导面前唯唯诺诺，领导说一他不敢说二，老板说对他不敢说错。他们认为，和领导的论调与言行保持一致就是忠诚。

事实上，真正的忠诚，不只是对领导的忠诚，更不仅仅是听领导的话。作为企业员工，对自己的职业忠诚，是最基本的忠诚。

我的一位好朋友杨畚钦，是陕西矗鑫置业有限公司的董事长，他是一位非常尊重人才、做事雷厉风行的企业家。有一次，他需要招聘一位业务经理，经过一番严格的初试之后，很少一部分人进入了复试阶段。他声称：复试主要考察应聘者的胆量和忠诚度。这批人被集中在公司的一个会议室外，面试者会被一个个叫进去面试。

第一位男士被叫进了会议室，他满怀信心地迎接考验。杨董把他带到一个房间，房间的地板上洒满了碎玻璃，尖锐锋利。

“脱下你的鞋子，从房间的这头走到那头，把对面桌上的表格填好后交给我！”杨董斩钉截铁地说。

这位应聘者二话不说，快速地脱下了鞋子，忍着剧痛从碎玻璃上面走了过去，当他把表格交到杨董手中时，他的双脚早已鲜血淋漓。

然而，杨董只是看了他一眼，对他说：“你回去等通知吧！”

第二位应聘者被杨董带到了另一个上了锁的房间前。

“房间里有一张表格，你把它拿出来，填好后交给我。”杨董对他说。

这位男士推了推门，发现门是锁着的。

“用你的身体把门撞开！”杨董一本正经地说道。

这位应聘者心想：董事长这是要考察他的胆量，绝不能在他面前表现出软弱来，于是，他用尽全力，终于把门撞开了。

然而，他得到的也只是一句“你回去等通知吧！”

就这样，一个接一个的“勇士”接受了杨董的考察，但都没有得到明确的录用答复。

当最后一位应聘者被叫到会议室时，他被杨董带到了一个房门前，房间里坐着一位老人。

“你去把那个老头撂倒，抢来他手中的表格，填好后交给我。”杨董对他说。

“你疯了吗？杨先生！为了一张表格，你让我去打一个老头！”

“这是我下达的命令！你就执行吧！”

“这样的命令毫无道理，你真是不可理喻，我宁可不要这份工作！”

杨董说了另外一些无理要求来考验这位应聘者，但这些要求都遭到了拒绝。

最后，这位应聘者非常气愤，他表示不想要这份工作了。可杨董却极力留住了他，并向众人宣布，这位男士被正式聘用了。

杨嵛钦在回应众多应聘者的质疑时，大声地说：“所谓忠诚，并非只是听话和屈从这样简单。你们所表现出来的忠诚不是真正的忠诚，而是愚忠！我要的，不是愚昧地忠诚于我的人，而是敢于坚持自己，能提出不同意见的人！”

不可否认，忠诚的员工应该以执行领导的命令为原则或是前提条件。但当领导的做法明显是错误的时候，只是一味服从，不敢提出反对意见，这绝不是一个忠诚员工该有的行为举止。听任领导摆布，没有个人主见，工作就缺乏创造性，仅能表明他是一个听话的员工，或者说是低层次的忠诚员工——表面忠诚。而高层次的员工忠诚则是发自内心的忠诚——聚焦价值创造，围绕企业利益思考问题，做好本职工作。

中央电视台曾经联合智联招聘网就“是否敢对老板提意见”做了一项专门的调查。在参与调查的约14000人中，当被问及“如果你和领导的意见不合，你会当即向他（她）提出吗？”的问题时，得出的结果是这样的：

A. 从来不说　12.0%　　B. 偶尔会说　61.6%

C. 经常会说　20.7%　　D. 每次都说　5.8%

在工作中，领导通常会给下属这样一种印象：令人畏惧、难以理喻、无所不在、无所不能。其实，每位公司的领导者都希望自己的下属能够经常提出合理化的建议，并在工作上有创新能力，能推着公司往前走，而不是被公司拉着往前走。

可以说，**员工的忠诚并不体现在表面上的盲目服从上，而是发自内心地忠诚于自己的职业**。这体现在自己的职业操守上面——尽职尽责，敢说真话，领导犯错误时敢于当面提，对公司的任何不足之处都能及时提出改进意见。

【韩老师有话说】

领导者并不看好只懂得盲目服从的下属，因为他们很少能为公司和团体创造价值。相反，很多时候，他们还会“投机取巧”地走旁门左道，成为公司的“蛀虫”。而对于那些明辨是非、敢于提出改进意见的员工，他们非但不会被怪罪，反而会被器重，因为他们才是真正忠诚的员工。

4. 同心：与公司同舟共济

公司就像是一条于惊涛骇浪之中扬帆远航的船，老板是船长，员工是船员，一旦登上了这条船，员工与老板的命运就联系在了一起。老板和员工有着共同的航行方向，有着共同的目的地。

企业这条大船一旦沉没，自然会有很多人失去工作，这固然没有送命那么严重，但也是令人难以承受的现实。在企业这条船上，老板就是船长。企业的发展就好比“大海航行靠舵手”。远航的船，如果没有一个优秀的舵手把握好航向，就很可能在茫茫大海中迷失方向。

同样，作为船员的企业员工，不管你是部门经理还是研发人员，也不管你是业务员、会计，还是库管员；哪怕你仅仅是一名清洁工，只要你在公司这条船上，你就必须与公司同命运：**与所有的公司员工同舟共济，乘风破浪，顺利驶向目的地**。只要你是公司的员工，你就是公司这条船的主人。你必须以主人的心态来悉心照料这条船，而不能以一种乘客的心态来忽略自己的工作职责。

1999 年 3 月，马云回到了杭州，带领自己的团队重新创业。一开始，包括最初从杭州跟随他到北京的 6 个人在内，创业团队一共只有 18 个人。当时马云给出的条件是每月 500 元的工资（MBA 毕业的也一视同仁），而且只给了他们 3 天时间考虑。这些人在外经贸部要名有名，要利有利。与此同时，各大 IT 公司都在招兵买马，但他们都跟随马云回到了杭州。

大家把各自口袋里的钱掏出来，凑了 50 万元，开始创办阿里巴巴网站。当时，他们没有办公室，就在马云家办公，每天埋头苦干16个小时以上。苦尽甘来之后，2007年11月6日，阿里巴巴在香港成功上市。

阿里巴巴创业时，天下IT精英蜂拥而至。他们为利而来，最后很多人也为利而去。马云和他的“十八罗汉”以及阿里巴巴团队中的骨干，他们不是为了上市、为了红利而来的，他们是为了“做一家伟大的公司”的梦想而来的。这18个人，从升至总裁级的孙彤宇，到升至经理的麻长炜，没有一个人从阿里巴巴离开。可以说，正是因为有了“十八罗汉”以及阿里巴巴团队中的骨干，才有了阿里巴巴互联网帝国。

公司是你的船，你在船上。阿里巴巴这条大船之所以能成功靠岸，源自于广大船员——与老板同进退，与企业同生死共命运的骨干员工——的同舟共济。这些骨干员工在企业遇到困难的时候，也不会轻易离开。正是源于自己对公司的忠诚，他们才能苦尽甘来，收获成功。

从企业员工的角度来讲，如果你想进入一个公司的话，一定要谨慎选择。因为当你选择一个公司并成为它的员工的时候，就意味着你踏上了一艘船，从此这艘船的命运就和你的命运牢牢地联系在一起。让船乘风破浪，安全前行，就成了你不可推卸的责任。一旦遇到了风雨、礁石、海浪等种种风险，你都不能选择逃避，而应该努力使这艘船安全靠岸。

★ 你认同公司的企业文化，并愿意营造公司良好的文化氛围吗？

★ 你认同企业的管理机制，并愿意遵守公司的各项规章制度吗？

★ 你认同企业的发展规划，并愿意实现公司与自己的“共赢”吗？

如果答案是否定的，你应该尽早离开这艘船，另寻一艘能带你驶往目的地的航船；如果答案是肯定的，你就应该与船上的每个人同舟共济，无论遇到什么情况，你都应该承担起应有的责任来，与公司心连心、共命运，全心全意做好你的本职工作。

【韩老师有话说】

一个人不能和企业有共苦的过去，就不要奢望和企业有同甘的未来。在企业遇到困难或者面临绝境的时候，那些愿意怀着一颗忠诚之心，与企业同甘共苦的员工，才是最受企业欢迎的员工，才是能和企业分享成果的员工。

四

让自己成为

敬业就是要尊重自己的工作，把工作当成自己的事情。敬业是员工最基本、最重要的精神。因为只有能真正地做到敬业，才会注重细节、精益求精，主动且出色地完成任务，才会全力提升工作效率，时刻为企业提供好的建议，永远维护企业形象，与企业同呼吸、共命运……

一个人的工作态度往往对工作结果的作用是最大的，工作态度同时也折射出一个人的人生态度，而人生态度将直接决定一个人的终生成就。所谓“态度决定一切”，说的就是这个道理。如果一个人能够以敬业的态度来认真对待自己的工作，那么他就会为工作全心全意地付出，他不仅会有所成就，而且还会影响和带动更多的人积极投身工作。

1. 从不犯低级错误开始

敬业不是说出来的，而是做出来的。一个人不管如何用尽世间一切美好的词汇来标榜自己的敬业，都是没有任何意义的。敬业是领导以及周围同事给你贴上的优质标签。它来源于你认真细致的工作态度，来源于你塌实肯干的优良品质，来源于你卓有成效的工作成果……而这一切的敬业形象，都会因你工作中所犯的一个低级错误而黯然失色，甚至可能被完全抹杀掉。因此，敬业，从不犯低级错误开始。

我曾在中国民航维修网上面看到杜仁智先生写的一篇文章——《注重细节，避免犯低级错误》，现摘抄如下：

今天对我来说是个特别的日子，因为在今天的工作中，由于我的疏忽大意，险些犯了遗失工具的维修差错。由于在非密封舱中工作之后，转移工作场地时没有严格执行工具三清点制度，想当然地认为电筒这么大的东西不会丢，只清点了工具箱中的工具就转移了工作场所。后来在试车时发现少了个电筒，又发动大家找电筒，因此耽误了大家的时间，我很过意不去。

通过这件事情，我才切身体会到了机务工作真的是来不得一点马虎。任何一个疏忽都可能酿成严重的后果，当时我的电筒放在非密封舱中的配平油箱上，试想要是没有找到飞机就放行了的话，很可能电筒随着配平油箱的移动，滑到下面导致配平失灵，严重的可能会酿成不可估量的后果。

工作中出现的一些错误，即便它是很低级的错误，有时也会给公司带来致命的危害及损失。很多员工也都懂得这个极其简单的道理。可身处职场，很多人都对犯低级错误已经漠然：每个人多多少少都会犯一些低级错误，它就像家常便饭一样让人觉得习以为常。身处培训行业，我发现公司里的这种现象好像更为严重。

有时为了赶时间，有的业务员竟然忽视了最基本的着装规范，穿着牛仔裤和运动鞋就去拜访客户了。

明明有 500 名学员来参加今天的培训课程，可结果却是，要么座位不够，要么听课证不够，要么讲义不够……用一句话概括那就是，准备工作做不好。

……

有很长一段时间，我都在思考这个问题：公司员工为什么会经常重复犯一些低级错误？**所谓“低级错误”，不是没有能力做好，而是不去做好，不认真做，粗枝大叶，马虎了事**，他们自己认为即便做不好也不会造成什么影响。而一旦一个人养成了“工作不严谨、细节不认真”的坏习惯，他将真正是一个没有工作能力的人。

从消极应付的心态来看，他们对市场激烈和残酷的竞争视而不见，缺少进取心态，不认真学习，不能掌握最新的知识和技能。由于他们不断小看自己，认为自己平庸和微不足道，所以，经常偷懒，没有责任感，只是为了薪水而工作，对公司和同事无感情可言，也不关心公司的长远发展目标。当一个人在一个不能成长的地方长期工作，对公司、对自己都是一件很残忍的事情。

因此，我有责任想办法让他们找到工作的目标、意义和价值。只有这样，他们才会对公司负责，对自己有信心，认识到自己工作的重要性。

最近，我注意到公司市场部的例会开得有声有色，他们把在公司任职一年的同事称为一年级同学，任职两年的称为二年级同学……以此类推。他们经常号召三年级以上的同事向大家传授工作经验，同时要求“低年级的同学”谈些心得体会，他们都会异口同声地说：“我非常幸运能加入世华这个大家庭，我很珍惜能有这种机会。”

我恍然大悟，如果公司能够让员工对公司产生一种家和集体的感觉，那么，员工就会认为自己是在为了自己的目标和公司而工作，从而使员工有种强烈的使命感和主人翁意识。

如果你经常犯一些低级错误，那就表明你是在轻蔑自己，轻蔑公司，轻蔑同事。这表明你是一个极其不敬业的人。从竞争的角度来看，你缺少危机感、紧迫感和责任感。而当你感觉不到危机，那么你在职场上就离死亡不远了。

那么，除了培养自己强烈的使命感和主人翁意识之外，到底有没有一种更行之有效的方法来避免在工作中犯一些低级错误呢？

古语有云：“吃一堑，长一智。”其实，我们在犯了一些低级错误之后，如果能得到一次教训，进而增长一分才智，那么以后犯错误的概率就会小很多。

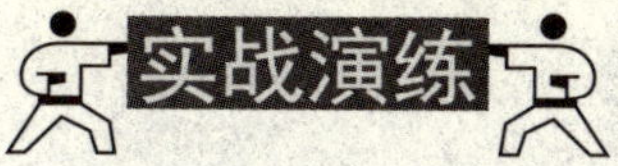

俗话说得好："好记性不如烂笔头。"工作中不管你犯了哪些低级错误，你都应该把它们记下来，从而时刻警醒自己以后不要再重复犯这些低级错误。

进入公司______年以来，我所犯下的低级错误统计如下：

1. 因忘记给公司电表充值，导致公司停电，办公室顿时骚动起来，之后遭同事们批评。

2. 出差参加大客户的招标会时，竟然忘记带身份证。

3. 合同订在了短边上，致使合同因无法盖骑缝章而作废。

4. 设计及制图时，对零件图进行了修改，可对装配图却未进行改动。

……

卡耐基在其所著《人性的弱点》一书中写道："任何愚蠢的人都会尽力为自己的错误进行辩护——而且多数愚蠢的人都会这样去做。"然而，如果我们做错了，我们应当立即承认。但更为重要的是，你应该好好想想，如何才能确保自己不重复犯错。

【韩老师有话说】

工作中，千万不能有"人非圣贤，孰能无过"的想法。在工作中总犯一些低级错误，这是有损你的敬业精神的。可以说，一个经常犯低级错误的员工，不管他有多么勤奋努力，不管他如何加班加点，不管他如何鞍前马后，都不能称之为一个敬业的好员工。

2. 积极主动地投入工作

在职场中，有很多员工虽然才华横溢，但在公司里却长期得不到提升，为什么呢？因为他们总是消极应付。他们动辄埋怨被老板盘剥，是别人的赚钱工具；或者感叹自己才高八斗，却总得不到老板的赏识；做起事来拖拖拉拉，丢三落四……他们在埋怨中得到了暂时的快感，在消极中得到了短暂的休闲，但与此同时，他们却关上了提升自己的大门。

李刚是发动机制造厂的技术员，从大学毕业应聘进厂的第一天起，他就觉得自己怀才不遇，始终喋喋不休地抱怨，什么“工厂车间太脏了，瞧瞧我身上弄的”，什么“工作太累了，实在是不想干下去了”等。每天，李刚都是在埋怨和消极的情绪中度过的。备受煎熬的他感觉自己就像奴隶一样在替人卖命干活。因此，李刚只要一有空隙就偷偷耍滑，应付手里的工作。

转眼三年过去了，当时与李刚同批次进厂的3位校友，各自凭着精湛的手艺，或另谋高就，或被公司任命为管理者，唯独李刚，仍旧在抱怨声中做着他讨厌的机修工作。

消极应付工作，最终的受害者是自己。消极应付的人很少会主动去想办法解决问题，从不主动、积极地完成自己应该完成的工作，却将埋怨视为家常便饭。他们只知道怨天尤人，却不知道反省自己的工作态度。结果，他们在工作中也不可能取得骄人的业绩，最终失去了本应该属于自己的升迁和加薪的机会。

相反，积极主动地投身工作的人，他们始终坚信：人为善，福不至而祸远兮；人为恶，祸不至而福远兮。好人终会有好报，每一个人每一份私下的努力，都会在公众面前表现出来。他们不仅能够在平凡的岗位上创造出骄人的业绩，同时也会获得升迁和加薪的机会。

1901年，美国历史上出现了第一位年薪达到百万美金的高级打工仔，他就是施瓦伯。施瓦伯小时候只接受了很短一段时间的学校教育。18岁时，他来到钢铁大王卡耐基所属的一个建筑工地打工。一踏进建筑工地，施瓦伯就抱定了“要做同事中最优秀的人”的决心。当那些懒惰的打工者在抱怨、怠工时，施瓦伯却默默地积累着工作经验，并自学建筑知识。好多打工者都笑话他。施瓦伯却回答说：“我不仅仅是在为老板打工，更不是单纯地为了赚钱，而是在为自己的梦想打工。我要在业绩中提升自己，我要使自己创造的价值远远胜于所得到的薪水。唯有这样，我才能得到重用，才能获得机遇！”

一天，在同事们都在闲聊时，施瓦伯一如既往地躲在角落里看书。恰巧一位到工地检查工作的经理路过，发现施瓦伯正在看书，并翻开了施瓦伯的笔记本，然后一言不发地走了。第二天，施瓦伯被经理叫到办公室，经理问："你学那些东西做什么？"施瓦伯说："我想我们公司并不缺少打工者，缺少的是既有工作经验、又有专业知识的技术人员或管理者，对吗？"经理点了点头。

不久，施瓦伯被升任为技师。25岁那年，他成为了这家建筑公司的总经理。

由于施瓦伯在工作中始终秉承着积极主动的态度，所以他在职场中越走越顺。由此可见，**只要你兢兢业业地工作，在别人消极应付工作之时，默默地提升自己的能力，那么高职、高薪会自然而然地降临在你身上。**

更为重要的是，那些积极主动投身工作的人，会得到越来越多的人的认同。他们的光辉事迹，往往能够起到很好的榜样带头作用。

在世华的这个大家庭里，每年都会举行一场盛会，一场为"感动世华年度人物"颁奖的浓重的感动与答谢大会。

在世华的发展历程当中，有很多优秀的世华同仁把他们所有的时间和精力都默默地奉献给了世华。在前行的道路上，在与困难挫折搏斗的过程中，他们对世华所融入的感情，他们对世华所投入的时间，他们对世华所牺牲的健康，世华永远也不会忘记。

在这些感动世华年度人物中，有一位同仁连续两年夺得该项殊荣，他就是年轻、帅气的小伙子原煜——一个似水一样随遇而安的人。他用他的积极主动，感动了所有的世华同仁。

作为一名敬业的员工，你不应该只是一个被动地等待别人告诉你应该做什么的人，而是一个主动了解自己需要做什么，并且主动做好行动规划，然后全力以赴地去完成的人。想想这世界上的成功人士，有哪个是唯唯诺诺、消极被动的人？对待自己的工作，你需要满怀敬畏之心，全力投入、不断努力。只要有了积极主动的态度，没有什么目标是不能达到的。

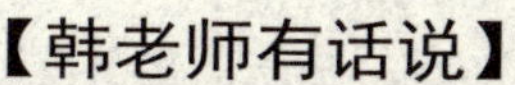

所谓积极主动，就是要在工作中做到：看别人看不见的（眼光），算别人算不清的（胸怀），做别人做不到的（胆识），干别人不愿意干的，承担别人不愿意承担的，面对别人不愿意面对的，让自己养成多做事的习惯，修炼多做事的心境，积累自己的能力，从而赢得别人的加分。

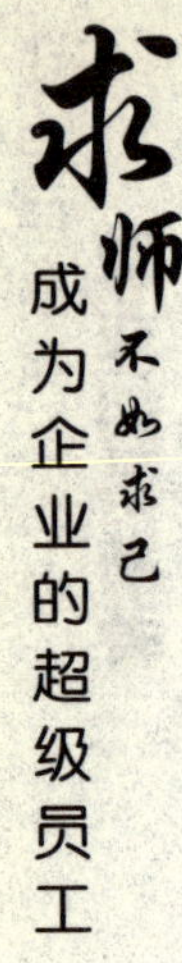

3. 努力提升工作效率

有很多人，看似每天都从早忙到晚，累得不得了。可一天忙下来，却发觉自己没做多少事情。尽管自己是在卖力干活，却总觉着时间不够用。

同样是一天 24 小时，为什么有的人干得活是别人的几倍甚至几十倍？一样的工作任务，为什么有的人 1 小时就干完了，而有的人却要花费 3～4 个小时才能勉强完成？

敬业，不仅要求你能够将每天有限的工作时间都花费在工作上面，而且要求你尽最大的能力有效利用这些时间。这要求你必须以最少的时间，干完最多的活。因此，你必须关注你的工作效率，因为它是决定你的价值产出的重要因素。

下面是我结合多年的工作经验以及这些年开设培训课程的经历，罗列出的 5 种有效提高工作效率的方法，在这里与大家共同分享。

（1）加快工作步调

培养自己的紧迫感，以最快的速度专心完成一项工作，然后迅速开展下一项工作。养成这种习惯后，你会惊喜地发现，你在一天内所能完成的工作量竟然如此之大。这是我长久以来总结出的非常有效的工作方法。

做好一件事后再去做另外一件事，这让我的每项工作都不会出现“半吊子”或拖拉的情况，而事实也证明了这种工作方法会提高我每天的工作效率。

（2）专注于高附加值的工作

你要记住工作时间的长度不见得与工作成果成正比。精明的老板或是上司关心的是你工作成果的数量及质量，工作时间的长度并非重点。

因此，聪明的员工会找出利于达成工作目标及绩效标准的方法，然后有计划地投入最有效的时间与心力。

投入的时间愈多，单位时间内的生产力就愈高，工作绩效也就愈高，自然也就会赢得老板及上司的赏识与重用，加薪与升迁也就指日可待了。

有一种有效的时间管理法就是，将每天的工作按紧急程度和重要程度来安排处理的先后次序，一定要先做最重要最紧急的事情。

实践证明，按照这样的方法来安排工作的轻重缓急，工作效率会得到明显提高，自然也更容易获得他人的认可。

（3）熟练工作

你找出最有价值的工作项目后，接着要通过不断地学习、应用、练习，熟练掌握所有的工作流程与技巧，累积工作经验。你的工作技巧越娴熟，完成单项工作所需的时间就越短，生产力就提升得越快。当然，工作经验的累积需要一定的时间和精力来支撑。作为一名职场新人，如果你想成为最有价值的员工，你就必须要用心学习、累积经验，让自己的工作能力得到加速提高。因为经验是你目前最匮乏的能力。

（4）集中处理工作琐事

一个掌握工作技巧的职场人士，会把许多性质相近的工作或是活动，例如，收发E-mail、写信、填写工作报表以及填写备忘录等，集中在同一个时段来处理，这样会比一件一件分开在不同时段处理，节省一半以上的时间，同时也能提高效率与效能。

（5）简化工作流程

尽量简化工作流程，将许多分开的工作步骤加以整合，变成单一任务，以减少工作的复杂度，另外，运用授权或是外包的方式，避免把时间花费在低价值的工作上。

这点我在做报告的时候就深有体会。在做报告提取数据时，如果把同一张表上可能需要的数据一次性整理出来做好准备，这样就能大大省去反复统计的麻烦，节约时间成本，提高工作效率。

实践证明，这5种方法对于提升工作效率而言，都是比较实用且行之有效的。

如果你能做到其中几点并将之养成习惯，那么你的工作能力一定会大有提升并在工作中产生非同一般的成效。

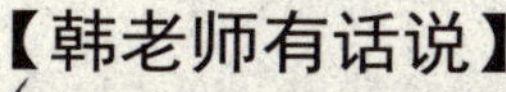

在工作中，与领导、同事及时沟通是很有必要的。在沟通中，可以侧面得知自己的办事能力、工作效率。每隔一个月，你都可以找个合适的时机询问领导对你的看法，在某项工作中对你的办事效率作何评价，要尽量问得具体些。这样可以让你清楚了解自己的劣势并及时做出修正。

4. 专注——敬业的最好名片

先跟大家分享一个小故事：

有一个农民一早起来，告诉妻子说自己要去耕地，当他走到田边的时候却发现机器没油了；然后，他就打算立刻去加油，突然想起来他还没给猪喂食，于是又折回家去。途经仓库时，望见旁边有几只马铃薯，他想起种了的马铃薯可能正在发芽，于是又往马铃薯田里走去，路途中又记起家中需要一些柴火，正当要去取柴的时候，看见一只生病的鸡躺在地上。这样来来回来跑了几趟，这个农夫从早上一直到夕阳西下，油也没加，猪也没喂，田也没耕，最后什么事都没能做成。

在我们身边，有着许许多多像这位农民一样的人。他们手忙脚乱，却始终在原地打转。他们勤勤恳恳，却最终一无所获。试问一下，这样的员工，称得上是敬业的员工吗？

答案是否定的！这毋容置疑。

有一位钢铁公司的老板一直苦恼于这个难题，便找到了管理学家艾比•李。李为他做了如下建议，“首先，在纸上写出你明天所要做的六件事，依顺序编号，放入口袋。第二天，将第一项工作做好。然后，依次进行第二、三、四项工作，直到下班。此间，不要计较每件事是否做得完美，因为你目前做的是最为重要的工作，所以先不要想其他的事情。”

在他看来，如果这种方法都不能将工作全部完成，那么其他方法大概也没有多大效用。后来，他的这个“一次只做一件事”的建议成为了家喻户晓的管理学原理，并逐步演变成了一种工作准则。

一个人要想做好一件事，需要凝聚心神、心无旁骛，这样才可能最大限度发挥潜能，而频繁地从一个工作转换到另一个工作则是浪费时间和精力的做法。人的身体器官像其他装置一样，一旦停止运转就失去了动力，在间歇一段时间后再去启动时，就得花时间恢复失去的动力。

基于这个道理，**你在工作时应该避免不必要的工作转换，进一步说，就是尽可能把一件事情做好、做透、做到位，然后再考虑下一件事。**从心理学角度来讲，当一个人了结了一件事情时，往往会有一种解脱感和满足感，甚至会有一种成就感，这是一种很好的心理状态，也是保证另一件事做好的必要前提。

某IT公司业务员李兵一大早就接到一客户电话，希望他尽快提供一份今天的电脑报价单。由于电脑价格每天都在变动，李兵答应客户，自己到公司后尽快赶制出报价单，然后传真给他。

就在李兵查找内部资料进行数据核实时，一位大学同学给他打来电话，告诉他自己下月要结婚，请他务必到场。聊了10分钟后，他才意识到还得尽快完成报价单，于是便匆匆挂断电话继续工作。此时QQ面板弹出一条爆炸性新闻，李兵很好奇，就打开看了很久，看到此新闻的评论很多，他还特意翻看了几页并发表了自己的观点。忽然，业务主管走进办公大厅，提示大家注意接收邮件，查看今天的工作安排。李兵又赶紧关掉新闻，打开邮箱，认真查看今天的工作任务，此时他才意识到离主管既定的客户拜访时间已经不到半小时了。在这半小时内，他必须尽快完成报价单，交主管审核，并传真给客户，还要做好一系列的客户拜访准备工作。

经过一阵紧张的忙碌之后，李兵终于将平时只须10分钟就可以做好的电脑报价单传真给了客户，虽然客户颇有微辞，但总算是完成了。又经过紧张的准备之后，他才匆忙踏上了客户拜访的行程。

业务员李兵是典型的“瞎忙人士”，工作起来无法集中精力做事，任何可能的干扰事件都会将他的注意力分散。问题的根源在于他没有意识到集中精力做好一件事的重要性。

试想一下，如果你是李兵，当你遇到这样的情况时，你该怎样纠正你的一系列的错误做法，集中精力一次做好一件事呢？

（1）学会给自己减少干扰

有些人工作时注意力不集中，容易分散，往往是由于外界因素引起的。案例中李兵接到大学同学的电话，一聊就是10分钟，这占用了大量的工作时间，严重影响了工作进度，对于这类干扰事件应快速处理，决不能让它影响到工作。

另外，办公桌太乱，或放着吸引自己眼球的东西（恋人的照片、全家福、小工艺品等）也会干扰正常工作。因此，首先要清理自己的办公桌，把桌上与工作无关的东西统统放进抽屉；电脑在不用时要关掉。这样就能避免外界的干扰，从而一心一意地做事。

（2）培养注意力

注意力是人对一定事物指向和集中的能力，它在行动中起着主要作用。培养自己的注意力，就能约束自己，克制自己，做事时就不会心猿意马。

★ 应用报酬效果集中注意力：给自己定个奖赏，激励自己高效工作。

★ 利用目标明确化集中注意力：将目标明确化、形象化，以便提高注意力。

★ 应用愉快经验集中注意力：用愉快的经验鼓舞斗志，促使自己努力工作。

（3）养成在规定的时间完成任务的习惯

如果做一件事有时间限制，你就会使自己有紧迫感，不敢松懈下来，从而能集中精力，专心地去完成。如果一味拖拉，就容易把一件事情做了一半就放下，或是做这件事时，心里却总想着另外一件事，这些都会影响工作的质量。

实战演练

对于“瞎忙人士”，为了养成在规定时间内完成任务的习惯，很有必要学会并善于运用“6W2H 问句体系”这一辅助工具。

☆ What：明确你所要完成的工作事项

☆ When：指全部工作完成的时间及各步骤完成的时间

☆ Where：指各项工作发生的场所

☆ Who：明确责任者及协助者，谁来做

☆ Why：明确了解工作进行的目的及理由

☆ Which：确定各项工作的优先顺序，找出解决问题的重点对策

☆ How：明确各项行动如何进行及进行的顺序步骤

☆ How many：以计量的方式让事情更具体化，明确工作数量

试想一下，如果某天领导给你下达了这样一个任务：5 天之内，将 1000 份样品准确送达分布在全国各地的客户手中！那么，你该如何确保按时、保质保量地完成它呢？

俗话说：“凡事预则立，不预则废。”作为企业员工，每当工作异常繁忙时，不妨借助“6W2H 问句体系”进行目标任务的统筹安排，制定一份思路清晰，简单、实用的行动计划，合理安排工作时间，形成井然有序的工作作风，从而有效避免自己陷入越忙越乱的尴尬境地。

【韩老师有话说】

一次只专注于做一件事，可以使我们静下来，心无旁骛，一心一意地把当前工作做完做好。倘若我们好高骛远，见异思迁，心浮气躁，什么都想抓，最终猴子掰玉米，掰一个，丢一个，到头来两手空空，一无所获。

五 让自己成为

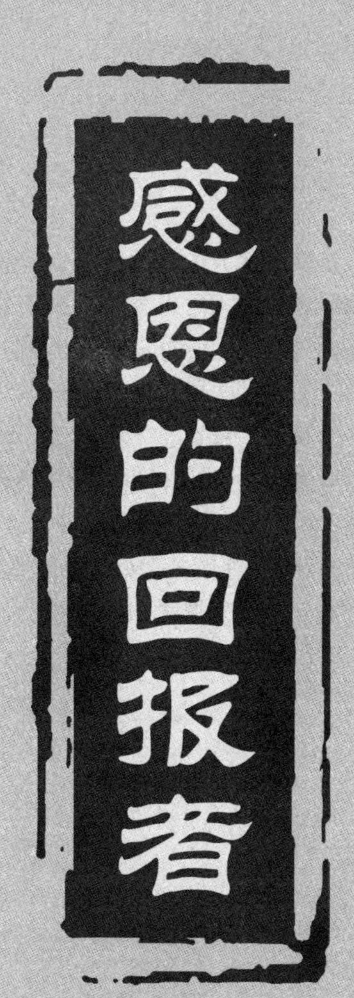

感恩，就是要对他人给予的帮助表示感谢，并力所能及地将这份感激回馈给他人。感恩是一种不忘他人恩情的人萦绕心间的情感。学会感恩，是为了擦亮蒙尘的心灵而不致麻木，学会感恩，是为了将无以为报的点滴付出永记于心。

感恩是一种修养！感恩是一种修为！感恩是一种修炼！它有助于我们形成完整的人格，有助于使我们成为于人于己，于家庭于社会都有用的人。感恩是一种人生大智慧，能使我们感受到人间的真爱、生活的美好，能保持我们乐观、积极、向上的良好心态。常怀感恩之情，对社会、对他人就会少一份挑剔，多一份包容与感激。

1. 忘恩的荒芜世界

长久以来，一直有一个关乎“忘恩”的寓言故事，它深深刺痛着我的心灵，使我一直无法释怀。

从前，有位农夫，他在田间救了一条被大石头压着的大蛇。大蛇重获自由之后，却要吃掉他。

“我救了你，你却反过来要吃掉我。这难道就是你们蛇的真理吗？”

“当然咯！天下的蛇都忘恩负义。”蛇得意地说道。

“可是，我们人都是知恩图报的。”农夫竭力和蛇争辩。

蛇听完不禁大笑：“我们先问问其他的动物会拿什么来报答别人的恩惠，再来决定你的命运。”

“好，就这么办。”农夫认定自己一定会胜利。

第一个被询问的是一条狗。它的回答很干脆：“我当然要以怨恨来报答！我为人干了十年活。白天守卫羊群防狼，晚上守卫家院防窃。可是，我上了年纪，主人说我不中用了，抛弃了我。残忍的不是我们动物，而是人！”

第二个被询问的是一头驴。驴咬牙切齿地回答：“对那些施恩惠的人，我真想踢他两下子。”它细数完人类对它犯下的罪过之后，步履艰难地走了。

第三个被询问的是一只狐狸。狐狸略施小计，将大蛇重新压在了石头底下，从而救了农夫一命。农夫答应送狐狸一只鸡，以作报答。

回到家之后，农夫的妻子死活不答应。她将猎狗代替小鸡装进了布袋，送给了狐狸。狐狸打开布袋，两条猎狗瞬间窜了出来，狐狸拼命逃跑，好不容易才逃过了一劫。

曾经救了蛇一命的农夫，在受到恩将仇报的蛇的致命威胁之时，被狐狸搭救了。本想知恩图报的农夫，却在妻子的威逼之下，放猎狗追捕狐狸。这是一个多么险恶的生存环境啊！很多动物在忘恩之人的影响之下，对施予自己恩惠的人恩将仇报。懂得知恩图报之人，在恩将仇报之人的影响之下，对施予自己恩惠的动物恩将仇报。在这种坏风气的熏陶下，整个世界都是忘恩负义之辈，充斥了自私自利与怨恨之心。

这个寓言故事是我们现实世界真实情景的再现，折射出来的是整个社会人们内心的冷漠化与荒芜化。

古往今来，“受人滴水之恩，常思涌泉为报”一直是中华民族的传统美德。但是，现在这个社会，说起来真是让人痛心疾首。很多人急功近利、见利忘义、恩将仇报。人们想得更多的是如何赚钱、升迁，不提报恩，连起码的知恩都做不到。

子女本应报答父母的养育之恩，这本来是天经地义的事情。可如今，很多子女却遗弃父母，嫌弃父母，甚至虐待父母。此类新闻屡见不鲜。

再拿助人之恩来说，受到他人帮助，本该表示感谢，予以报答，可有些人不但不感恩，还力图逃避事实，回避远离帮助自己的人，更有甚者，他们捏造事实，反咬一口，将施恩之人推向绝路。这类忘恩负义之人，本该受人唾弃，却能在这个社会肆意横行。

2007年发生的“南京徐老太事件”，让多少有良知和道义的人们心寒与痛心。

事情是这样的：2006年11月20日上午，南京市民徐寿兰女士在某公交车站等车，据其称被正在下车的市民彭宇撞倒，而彭宇则称下车时见老人摔倒，所以扶至旁边，并且在其亲属到来以后一起送该老人到医院，同时还垫付了200元的医药费。当好心的彭宇离开以后，却被告知要赔偿医药费用。2007年1月4日，徐老太将彭宇告上了法庭，9月3日，法院宣判：彭宇应该赔偿40%的费用，合计人民币45876.36元。

该判决结果一经媒体披露，引起全社会一片哗然。受此事件影响，人们不再坚定地学雷锋做好事，不再义无反顾地见义勇为，出手相救。大街上行走的都是冷漠的人群：面对陌生人，人们敬而远之，不闻不问；有人需要帮助，人们置若罔闻，从不过问。路上再有老人摔倒，无人敢扶，都害怕被人诬陷成肇事者。

2010年12月7日，一名六旬老人突然昏倒街头，众商户及行人不敢贸然施救，当民警和急救人员赶到时，老人已经身亡。

2010年12月29日，福州某条大街上，一位8旬老伯摔倒在人行道上。围观者中无一人出手相救。老人孤独地躺在冰冷的马路上，直到生命的终结。

2011年10月13日，一出惨剧在广东佛山上演：年仅两岁的女童小悦悦被一面包车两次碾压，几分钟后又被一小型货柜车碾过。7分钟内路过的十几个人，都对此不闻不问。此后，是一位捡垃圾的阿姨把小悦悦抱到路边并找到她的妈妈。最后，虽经医院全力抢救，小悦悦还是因伤势过重而死亡。

……

不胜枚举的人间惨剧，一幕幕的悲剧场景，在中华大地上接二连三地上演着。人们不禁要问：我们这个社会到底是怎么了？人们的良知与道义都跑到哪里去了？

人们都在责怪：这个社会人心冷漠，道德沦丧至这种地步。可这怪得了谁呢？这不就是上文那个寓言故事在人世间的真实再现吗？

可以说，忘恩之人，极端自私自利，其情感日益沙漠化，对社会对人情无比冷漠。他们道德丧失，自我缩小生存的圈子，自我封闭，自掘坟墓。

而一旦世上忘恩之人日渐增多，冷漠便会毒害人们的身心，隔阂便会堵塞人们的情感交流，漠视便会沙化人们的心志，麻木便会封闭人们的心灵，进而凑响了人类的悲歌——人们都被禁锢在钢筋水泥搭建的“牢笼”里，每天行尸走肉般地上下班，一墙之隔的老邻居数十年老死不相往来。工作数十年，亲朋好友日渐生疏，忘记了他们的容颜，彼此之间的感情日益淡漠。人与人之间空前冷漠，对陌生人避而远之，人们在孤独寂寞中孤老终身。

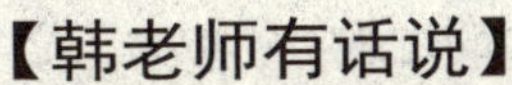

人与人之间的关系，就像我们平常照镜子一样：你对它微笑，它也会对你微笑；你对它龇牙咧嘴，它也会回馈给你“龇牙咧嘴”；你忘恩负义，它也会对你恩将仇报。正如佛教推崇的因果报应一般：“你种什么样的种子，就会结出什么样的果实。”

2. 感恩之情溢于心

感恩之心的缺失，致使人们对善举失去反应，对善良变得麻木；感恩之心的缺失，沙化了人们的心灵，致使人们内心世界一片荒芜；感恩之心的缺失，使人们之间变得越发冷漠，使人很难体会到幸福与快乐。有一则谚语说道：幸福，是有一颗感恩的心，一个健康的身体，一份称心的工作，一位深爱你的爱人，一帮值得信赖的朋友。感恩为幸福之首。**一个知道感恩的人，更容易得到幸福与满足。正因如此，感恩成了道德良性互动的润滑剂。**

有天晚上，整个小区忽然停电了，有位女子只好在家点起了蜡烛。没过一会儿，忽然听到有人敲门。原来是隔壁邻居的小孩子，只见他紧张地问："阿姨，请问您家有蜡烛吗？"女子心想："他们家竟穷到连蜡烛都没有吗？千万别借他们，免得被他们依赖了！"

于是，她对孩子说了声："没有！"正当她准备关门时，那小孩展开关爱的笑容说："我就知道您家一定没有！"说完，竟从怀里拿出两根蜡烛，说："妈妈和我怕您一个人住又没有蜡烛，所以我带两根来送给您。"

此刻的女子被感动得热泪盈眶，将那孩子紧紧地拥抱在怀里。

试想一下，如果在生活中，我们大家都能常怀一颗感恩之心，在得到别人帮助时衷心地说一声"谢谢"，在与父母、师长、同事等相处中，都时时刻刻想着对方的好，想着以德报德，甚至能够以德报怨，我们的人际关系、社会氛围是不是会融洽、和谐许多呢？

人是离不开群体的，人也是沐浴在群体的恩惠之中成长的。人的一生中，小而言之，从小时候起，就领受了父母的养育之恩，等到上学，有老师的教育之恩，工作以后，又有领导、同事的关怀、帮助之恩，年纪大了之后，又免不了要接受晚辈的赡养、照顾之恩；大而言之，作为单个的社会成员，我们都生活在一个多层次的社会大环境之中，都首先从这个大环境里获得了一定的生存条件和发展机会，也就是说，社会这个大环境是有恩于我们每个人的。

著名作家刘墉曾经在他的一篇励志文章中劝勉人们要心存一颗感恩之心，永存感恩之情。这是因为只有学会感恩，感谢生活，才能从各个方面获得更大的情感回报，才会更加热爱生命、关爱他人，收获平和与快乐。

一个生活贫困的男孩为了积攒学费，挨家挨户地推销商品。傍晚时，他感到疲惫万分，饥饿难挨，而他推销得却很不顺利，以至于他有些绝望了。就在这时，他敲开了一扇门，希望主人能给他一杯水。开门的是一位美丽的年轻女子，她却给了他一杯浓浓的热牛奶，令男孩感激万分。

许多年后，男孩成了一位著名的外科大夫。曾给他恩惠的女子，因为病情严重，当地的大夫都束手无策，便被转到了那位著名的外科大夫所在的医院。外科大夫为她做完手术后，惊喜地发现那位妇女正是多年前在他饥寒交迫时，热情地给予过他帮助的年轻女子，当年正是那杯热牛奶使他又鼓足了信心，完成了学业。那位妇女想这次费用一定很贵，当她鼓起勇气看时惊喜地发现：手术费单上有一行字：手术费＝一杯牛奶。

感恩的人，是道德品质纯粹的人，是心地善良的人，也是情感真诚的人。这类人富有责任心，感恩之心，心胸开阔，做人做事明明白白。他们明白：人世间人与人是相互依存的，人与人的情感是能够互通的。正因如此，人生才丰富多彩，生活才充满了幸福和激情。

世上最大的恩情是“救命之恩”，最无私的恩情是“养育之恩”，最高尚的恩情是“助人之恩”，最有缘的恩情是“知遇之恩”。人活着，不是只为自己，同时也是为别人。相识的或者陌生的，都是社会中的一员。常怀“感恩之情”，时常“助人为乐”，便是对施恩人的最好回馈。

有这样一句谚语：“一个人只有学会了感恩，他才能真正快乐。”感恩是爱得以产生的源泉，也是一个人感受到快乐的先决条件。只有我们对生命中所拥有的一切能心存感激，才能充分体会到人生的快乐、人间的温暖以及人生的价值。班尼迪特说：“受人恩惠不是美德，报恩才是。当他积极投入感恩的工作时，美德就产生了。” 一个抱持感恩之心的人，即便他仅仅仰望一下夜空，他的心中也会产生一丝感动，体会到无限快乐。

有两个人在沙漠中行走，他们是很要好的朋友，在途中不知道什么原因，他们吵了一架，其中一个人打了另个人一巴掌。那个人很伤心很伤心，于是他就在沙里写道：“今天我朋友打了我一巴掌。”写完后，他们继续行走。他们来到一块沼泽地里，那个人不小心踩到沼泽里面，另一个人不惜一切拼了命地去救他，最后那个人得救了，他很高兴很高兴，于是拿了一块石头，在上面写道：“今天我朋友救了我一命。”

朋友一头雾水，奇怪地问：“为什么我打了你一巴掌，你把它写在沙里，而我救了你一命你却把它刻在石头上呢？”那个人笑了笑，回答道：“当别人对我有误会，或者有什么对我不好的事，就应该把它记在最容易遗忘、最容易消失不见的地方，由风负责把它抹掉；而当朋友有恩与我，或者对我很好的话，就应该把它记在最不容易消失的地方，尽管风吹雨打也忘不了。”

人要懂得感恩，作为企业员工，更要学会感恩！不要将自己当前所拥有的一切都视为理所当然！企业为我们带来了物质生活的保障和种种较为优厚的待遇与关爱，更为我们构建了一方展现自我价值的舞台，使我们的聪明才智获得萌芽开花的土壤；如果没有领导的信任支持，那么我们的努力最终可能沦为一场空，领导为我们提供了机会和空间，使我们得以施展自己的能力和才华；个人的力量是渺小的，在激烈的竞争中胜出还是要依靠团队共同努力的力量，凝聚才能集聚力量，团结才能诞生兴旺，只有整个团队共同奋斗，才会创造出辉煌的业绩……

一位员工常怀一颗爱公司的感恩之心，在工作中尽心尽力、积极进取，始终不放弃努力，始终保持一种尽善尽美的工作态度，满怀希望和热情地朝着自己的目标努力，从而能够获得丰富的经验，同时也提升了个人的能力，离成功更近了一步。

当你将自己的身心彻底融入公司，当敬业成为你的一种习惯时，忠诚会为你带来领导的信任，个人的职业生涯会因此而变得更加饱满，你也会在事业上获得更多成就感，继而感受到更多的工作乐趣，工作便成为你生活中的一种享受。

【韩老师有话说】

一个懂得感恩的人，他的生命会富足、幸福、高尚，他的灵魂会被净化。我们应带着阳光和感恩的心情对待身边的每一位同事，努力观察对方的优点，为对方获得的成功而鼓掌，实现通力合作……这样一来，我们便会自然而然地感觉到工作是充实的，生活是快乐的。

3. 感恩之情言于表

我偶然看到过这么一则故事：

在一个电闪雷鸣、风雨交加的晚上，一艘渡轮撞上一艘满载木材的货轮沉没了。船上 393 名乘客全部掉入冰冷的湖水之中，他们拼命挣扎，等待救援。一名年轻大学生奋勇跳入冰冷的湖水中，一次又一次救出溺水的人。当他从几乎能让人冻僵的湖水中救出第 17 个人之后，终因筋疲力尽而虚脱。此后，他便在轮椅上度过了自己的余生。

多年之后，一位报社记者采访了他。记者问他：“你最难忘的是什么？”他是这样回答的：“在被我救起的 17 个人当中，没有一个人向我说过一声谢谢。”

这种现象在中国，在我们生活的周围，极其常见。很多人善意地伸出援助之手，但是受恩惠之人却很吝啬，甚至连一句感谢的话都懒得说。

在人挤人的公交车上，有一位身心疲惫的小伙子为一位老人让座，可老人坐上去之后，连一句“谢谢”也不说。

在人潮如涌的大街上，有一位小学生搀扶着一位孕妇过斑马线，可孕妇抵达街道的另一边时，也没说过这一句简单的“谢谢”。

……

有一位美国职业演说家曾经说过："地球上有30亿人每晚是饿着肚子睡觉的，但有40亿人每晚睡觉前渴望得到一句肯定和鼓励的话，却无所得。"

我们是不是应该觉醒一下，关注一下默默无闻关爱我们的人、帮助我们的人、为我们默默付出的人。**把心中的感恩之情说出来吧**！也许因为你的一句话，就会有一个人不会就着破碎的心和受伤的灵魂入睡。也许因为你的一句感激之语，这世界就会有更多的天使站起来，让世界充满爱。

黛比出生在美国一个平民家庭，从小饱尝生活的艰辛。为了生计，她制作了一种味道特殊的肉肠。黛比走南闯北开始推销自己做的肉肠，接触了各种各样的人。

几年的时间，"黛比·菲尔茨"的名字便出现在美国数以百计的食品商店的货架上，她后来所创建的"菲尔茨太太原味食品公司"成为全美国食品行业中最成功的连锁企业。

黛比成功的秘诀有两个：一是过硬的产品，一个是她在人际交往中的"感激之术"——黛比对每一个帮助过自己的人，不论男女老少，都记挂在心，再碰面的时候，她会当众及时表达心中的那份感激之情："谢谢你，劳斯太太，7月3日您买了我店里的四根肉肠，那是我那天做成的第一笔生意，您为我一整天的推销工作增添了信心，谢谢您！"

"怀特先生，您上周三下午给小店介绍来3位顾客，为我们生产的肉肠做了宣传，使我们拓展了业务，这全是您的功劳！"当黛比真诚地说出这一番番心里话的时候，每一位被感谢的对象都惊讶不已。

事隔这么久、如此鸡毛蒜皮的小事，她居然还记挂在心上！接着是感动，黛比在表达心中的感激之情时，脸上写满了真诚，她所表达的感谢都是发自肺腑的。最后，这些人都成了黛比的"铁杆"顾客和义务宣传员。

美国著名的企业家、教育家和演讲口才艺术家卡耐基，是一个懂得感恩，并善于将感恩之情传递给他人的人。正是靠着这种社交理念和方法，全世界才掀起了一股经久不衰的卡耐基口才热。他组织的演讲口才训练班，使全世界亿万人获益匪浅。

卡耐基在各地巡回演讲时，常常会突然对某位听众说："谢谢您，沃伦先生，您上次在高特教堂站在第一排听我的演讲，且给了我那么多的掌声，我一直心存感念！"

"您上次在马雅大街为我的演讲呐喊鼓励，使我对自己的演讲事业充满了信心，您的欢呼对我简直就是一种福音！"

还记得小时候，我们借同桌一块橡皮擦来用时，那爽朗的一句："谢谢你"

吗？还记得高中毕业之后的谢师宴上，你拿着酒杯对老师说：“感谢您多年来对我的悉心栽培”时的场景吗？还记得大学毕业之后，你工作再忙，也会时常抽空与班主任通电话时，你说过的那些感激的话吗？

可如今，我们似乎变得懒惰了，变得不近人情了。我们已经习惯了把对他人的感恩之情深埋心间，已经忘记了最基本的社交礼仪——对于他人施予的恩惠，要及时表达自己的感恩之情。

实战演练

在我们生活的周围，有许许多多值得我们感激的人。他们或多或少，或明或暗，或直接或间接地给予了我们帮助，施予了我们恩惠。为了答谢他们，我们应大声地说出我们的感恩之情。

1. 感恩父母：________________
2. 感恩爱人：________________
3. 感恩朋友：________________
4. 感恩公司：________________
4. 感恩领导：________________
5. 感恩同事：________________
6. 感恩在你生命中经过的所有人：________________

常怀感恩之心是一种美德，但它仅仅是在内心种下了一颗感恩的种子，而当众说出你的感恩之情，则会使这颗种子绽放出绚丽之花。

如果想让馥郁的芳香抵达他人的心间，捷径只有一个：大声说出你的感恩之情。授人玫瑰，手有余香。大声说出你的感恩之情，花香会迷醉每一颗心房。

【韩老师有话说】

我们根本不用吝啬自己的感恩之情。面对那些为你伸出援助之手的热心人，大胆地抱住他，大声说出：“亲爱的，谢谢你！”其实，这个世界上最浪漫、最温馨的事情，就是大声说出你的感恩之情。你不妨试试看！相信回应你的一定也是感谢！

4. 感恩之情显于行

我们经常阅读励志书籍，我们都渴望成功，但是大多数人都没能成功。为什么会这样？答案其实很简单："你知道，但是你没做到"。同样，要做一个感恩之人，光有感恩之情还远远不够，还应用实际行动来回报那些施予你恩惠的人。

（1）感恩我们的父母

我们能够来到这个世界上本身就是一种幸运，我们首先要感谢的是父母的选择，感谢他们把自己带到这个世界上来，感谢他们多年来的养育之恩。当我们慢慢长大成人，有了属于自己的生活与家庭，转过头却发现：**爸妈已在我们不经意期间慢慢地衰老……不管我们飞多高，他们始终都在注视着我们，关心我们飞得累不累……**

不管多忙，每天我都会给家里打一个电话，哪怕只是简单的一句："爸爸妈妈，我过得很好，谢谢你们对我的关心！"不管多忙，每月我都会抽空回老家，给年迈的爸妈尽点孝心。我始终抱持这一信念：用行动回报我们血肉相连的亲人。

每天下班回到家里，我都会大声地朗读三毛的《守望的天使》这篇文章，它警示我要感恩我们的父母，善待我们的父母，孝敬我们的父母，不要等到子欲养而亲不待，留下无以弥补的遗憾。

（2）感恩我们的朋友

什么是朋友？很多人活了一辈子，都没能懂得朋友的真义。

很久以前，有一个武夫，他临终前对儿子说："别看我自小闯荡江湖，广结良缘，其实我这一生只交到了一个半朋友。"

儿子非常纳闷，他的父亲就贴近他的耳朵交代一番，然后对他说："你按我说的去拜访我的一个半朋友，你自然会懂得朋友的真义。"

儿子首先拜访了父亲认定的"一个朋友"，对他说："我是某某的儿子，现在正被朝廷追杀，情急之下投身你处，希望予以搭救！"这人听完，赶忙叫来自己的儿子，喝令他迅速脱下衣服，套在这个并不相识的朝廷要犯身上，而让自己的儿子穿上朝廷要犯的衣服。儿子明白了：危难时刻，能与你肝胆相照，甚至不惜割舍亲生骨肉来搭救你的人，可以称做你的一个朋友。

儿子接着拜访了父亲提及的"半个朋友"，抱拳相求把同样的话复述了一遍。这"半个朋友"听完，对眼前这个逃难的朝廷要犯说："孩子，我救不了你，我给足你盘缠，你赶快逃命吧，我保证不会告发你。"儿子明白了：危难时刻，

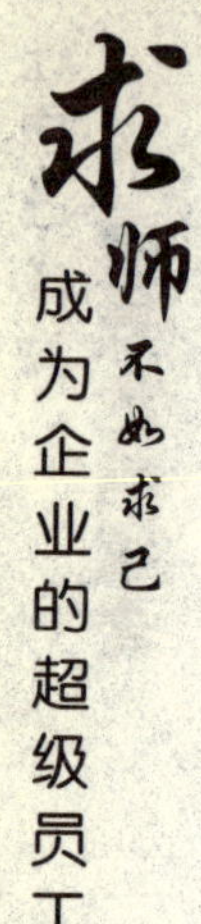

能够明哲保身、不落井下石加害你的人，可称为你的半个朋友。

这位父亲的临终告诫，不仅仅让他儿子，也让我们懂得了真正朋友的含义：患难见真情！**当朋友在工作、生活、家庭中遇上困难的时候，尽自己最大的能力帮一把。**做朋友要以诚相待。这才是真正的朋友！

（3）感恩我们的公司

作为公司这个大家庭中的一员，我们应该加倍珍惜我们今天工作的机会、工作的平台，把公司当成自己的家，学会热爱它，并有责任力求勤俭节约，时刻为家着想。无论是公款私款，尽量只做最合理的支出。

要做到勤俭节约，其实很简单：从我做起，从小事做起，从自身岗位做起。在你完成本职工作的同时，多多思考怎样才能节能降耗，为公司利益尽自己最大的一份力。

当你在使用电灯、电脑和空调时，问一问自己：我是否在中午休息时间关闭电灯、电脑和空调？

当你在使用复印纸和打印机时，问一问自己：我是否将正面已用过的纸再利用一次，对于可打印、可不打印的资料是否不打印，以减少纸张成本浪费？

当你在收款时，问一问自己：我是否将即将到期的票据送到银行托收，以减少往返银行的次数及车费？

当你写付款单据时，问一问自己：我是否将各项明细费用相近的加以汇总；打印水单时，我是否尽量使用二手纸，以做到节省纸张？

……

浪费的都是利润！感恩我们的公司，就应把公司当成我们的第二个家。时刻为公司着想，为公司节约开支，为公司盈利贡献自己的力量。

（4）感恩我们的领导

在很多人看来，领导往往都是那种拒人千里之外，冷酷无情，颐指气使的人。他们表现出来的言行举止，往往令员工不寒而栗，敬畏三分。**其实，领导也是人，也有感情。只是因为工作关系，不会在员工面前过多地显露自己的真性情而已。**

感恩领导，就是思想上行动上始终与领导保持高度一致，尊重领导，听从领导指令，服从领导安排，虚心接受批评意见，所做的每项工作都要对得起自己、对得起领导。

在工作中，应该感谢领导的知遇之恩。正是因为他懂得赏识你，敢于大胆任用你，你才有今天的成就。

在工作中，当领导交代给你任务时，你首先要感谢领导对你的信任，愿意将重要的工作交给你去做。

在工作中，领导有时会刁难你，那是因为他想栽培你，希望你能在挫折与困境中更快地成长起来。

在工作中，成果是感恩领导最好的礼物。每当自己取得了一点点成果，一点点进步，一点点成长，都能让领导觉得欣慰与高兴。

（5）感恩我们的同事

能与同事们一起共事，是一种缘分，应当珍惜。**我们应时刻铭记身处逆境时同事的一句鼓励，在顺境时同事的一句忠告，取得每一点成绩时同事给予的帮助和支持。**

感恩同事的教育、关爱、启迪，丰富了我们的阅历、教给了我们付出、提升了我们的智慧。

感恩批评、打击过我们的人，磨炼了我们的意志、拓宽了我们的心胸、强化了我们的能力。

感恩折磨、刁难过我们的人，因为他们唤醒了我们的良知、锻炼了我们的毅力、磨砺了我们的独立……

常怀感恩之情对待同事，我们工作的心情、态度和效果会大不一样，工作环境会更融洽，合作会更愉快，个人的成长进步也就有了更为坚实的群众基础。常怀感恩就会对同事关爱相助，就会对组织负责、对工作负责，珍惜工作机会，勤勉尽责干事，携手共进。

【韩老师有话说】

如果把人的一生比做花，那么感恩他人的行动便是酝酿人生之蜜。如果说人的一生是杯水，那么要想得到活水，就需要不断地施予别人，如此往复施予与获得，才会有源源不断的清流。感恩他人，受益的最终是自己。

六 让自己成为

“人，最宝贵的是生命；它，给予我们的只有一次。人的一生，应当这样度过：当他回首往事时，不因虚度年华而悔恨，也不因碌碌无为而羞耻……”每每读到这句话，总能带给我心灵上的震撼。前苏联作家尼·奥斯特洛夫斯基塑造的保尔·柯察金这一人物形象，至今还深植于人们的脑海之中。他坚强的斗争意志，乐观的生活态度，以及明确的人生目标，永远值得我们学习。他在平凡的岗位上，实现了自己的人生价值，成就了不平凡的人生。他是我们行走在践行人生价值道路上的学习楷模。

1. 梦想成就未来

每个人都有自己的梦想。人因梦想而伟大。梦想，是生命中的指南针，是人生奋斗的方向。它好比大海中的灯塔，黑暗中的指明灯一样，照亮我们前进的道路，指引着我们前进。

每个人都不能失去梦想。一个人如果失去梦想，也就失去了前行的动力。他这一辈子注定只能在黑暗中痛苦挣扎，碌碌无为而悔恨终生。

梦想是人们对未来的积极构架，是终其一生要实现的远大目标。一个人成功与否，**很大程度上取决于他有无梦想，能否自始至终坚持梦想并付诸实践。**可以说，一个有梦想的人，才能有一个光明的未来。

作为创业典范的马云，曾经告诫人们说："作为一个创业者，首先要给自己一个梦想。1995 年，我到了美国，然后我看见了、发现了互联网。我对技术几乎不懂，到目前为止，我对电脑的认识还是只停留在收发邮件和浏览页面上。但是这并不重要，重要的是你到底有什么梦想。"

被人戏称为"三无（一无背景，二无资金、三无技术）青年"的马云，他为什么成功了呢？有人说：他走对了一条路。有人说：他具有独特的个人魅力。也有人说：他能矢志不渝地坚持。这些答案都对，也不全对。马云之所以能够成功，源于他有着自己的梦想（建立自己的电子商务公司，为中小企业提供实在的服务），并做到毕其一生践行之。

同样，很多的成功人士，很多的企业家，他们最初都还只是个梦想家。他们都喜欢做梦，最终果然梦想成真。

2002 年以后，汽车才真正开始进入中国人的家庭。但当时很少有人能够想到，让中国老百姓能这么快就买得起汽车的，不是外国人，而是中国吉利的李书福。

2001 年在 CCTV 的一次对话节目中，面对许多所谓的"经济学家"、"精英企业家"以及政府官员的指责和怀疑，李书福说："请政府给我们一次失败的机会。汽车并不像某些人说的那样神秘，不就是一个发动机装上四个轮子吗？凭什么卖那么多钱？"李书福心中有个梦想，他要像一百年前美国人福特一样，造“中国老百姓买得起的汽车”。

试想一下，如果没有李书福在2002年把汽车价格一步定到4万元以下的举措，中国汽车降价速度能这么快吗？现如今，几乎所有35岁以上的中国人都记忆犹新：一部德国大众桑塔纳轿车，标价20万元，一卖就是十几年，在中国赚了多少钱恐怕只有他们自己心里清楚。李书福就是这样用梦想成就了自己的未来。

每个人来到这个世界上都不是为了徒增一个躯体，我们每个人都是带着责任和使命来到这个世界上的，没有谁注定是平庸的，我们有责任去实现自己的梦想和价值！不管今天的你是一个大人物还是一个小人物，不管今天的你职务是高还是低，都有实现梦想的权利。我们来看看这个小人物，一个卖菜的大姐，她是如何实现了自己的梦想！

在2011年的东方卫视《中国达人秀》的舞台上，有一位人称“菜花甜妈”的卖菜大姐横空出世。她把帕瓦罗蒂经典歌剧图兰朵《今夜无人入眠》改编成了市井生活的卖场版，自创了一曲名为《送你葱》的卖菜歌，令人惊艳，广受欢迎。

最后唱到高潮部分时，“菜花甜妈”高举双手，神来一笔的“送你葱”格外点题。菜花甜妈的天籁美声，表达了艺术源于生活的真谛。甜妈惊为天人的演唱让现场观众为之陶醉，为之疯狂，相关视频在网上被疯狂转载，网友称其为“中国版苏珊大妈”。百余位明星大腕都力挺这位送你葱的传奇甜妈。“菜花甜妈”不负众望，一路狂飙，杀进了中国达人秀的总决赛，并在中国达人秀年度盛典“梦想之夜”取得了年度亚军，创造了奇迹，实现了她儿时的梦想！

“菜花甜妈”是如何一举成为数亿人瞩目的舞台巨星的呢？周立波的一番话对此作了最好的诠释：“原来达人秀的真正意义，是告诉我们，生活中的苦难与无奈，并不能改变人们的梦想，而平凡与伟大，有时真的可以很近，近到只有一步之遥。”

人们经常责备自己爱做梦，往往责备自己不切实际。这是因为他还没有意识到梦想的力量有多大！事实上，一个人只有拥有梦想，才会朝着梦想努力奋斗，进而迸发出无穷的力量。当初，有谁会想到其貌不扬的马云会成功呢？又有谁会想到平民卖菜大妈能创造奇迹呢？

正是因为梦想的力量，给了他们巨大的动力，才使他们克服了前行道路上的一切艰难险阻，从而达成了自己的目标。俗话说：“不怕做不到，就怕想不到。”只要我们心怀梦想，就能迸发出无限的力量，成就美好的未来。

【韩老师有话说】

一个人，当他知道自己要什么并且足够坚定的时候，他就能够：忍得住孤独、耐得住寂寞、挺得住痛苦、顶得住压力、担得起责任、挡得住诱惑、经得起折腾、受得起打击、丢得起面子、担得起责任、提得起精神！

2. 行动实现梦想

有梦想而不付诸行动，梦想就只能是空想。正如马云所说："梦想永远跟汗水和眼泪是在一起的，假如梦想离开了汗水和眼泪，那就变成乱想，变成空想。梦想，还需要坚持。"对于画家而言，大脑中勾勒出的画卷再美好，如果没有好的画功将它呈现出来，它也注定只能存在于大脑之中，无法成为一部书画杰作。同样，作为发明家的爱迪生，如果光有一些奇思妙想，而不能生产发明物，就不可能有任何的发明创造。可以说，任何成就的获得，都离不开切实地付诸行动。

在生活中，**我们应当做一个行动的巨人，而不只是一个空想的矮子**；我们应当用行动为自己的理想插上腾飞的翅膀。对于这一点，微软帝国的创始人比尔·盖茨最有发言权。

2011 年 6 月 11 日，比尔·盖茨以比尔及梅琳达·盖茨基金会联席主席的身份参观访问了北京大学并与大学生进行了面对面的交流。他做了一个简短的演讲，而演讲的主旨就是：要保证每天都在朝梦想前进。

"我觉得你首先要知道什么是可能的，我当年梦想是大家都有电脑，这将会成为一个非常伟大的沟通和学习工具。这个梦想在当时看起来是不可能实现的。我自己都很难获得电脑，我不得不在晚上溜出去使用电脑。而且在当时电脑特别贵，哪怕是生产电脑的人都觉得让每个人都拥有电脑的想法太愚蠢了。但是不管怎么说还是有一些进展吧。

我们看到最开始电脑的价格是 100 万美元，然后，它的价格慢慢降了下来，到 1 万美元。我觉得，如果你有想法，要化不可能为现实，这条道路可能比较漫长，但是你可以找到你的伙伴或者几个朋友互相鼓励完成这个漫漫征途。你可以设立自己的小圈子，你们的俱乐部等，制定出一些可行的步骤，保证你每一天都在朝梦想前进。"

微软帝国辉煌的背后并非一帆风顺。在微软的创立与发展过程中，也曾遭遇过困难与挫折。微软一系列的产品，也是在艰难险阻与磕磕绊绊中研发出来的。比尔·盖茨的成功在于：他每天都在朝着梦想前行。

由此可见，不管前途如何渺茫，不管路途如何艰险，只要我们能够抱着必定实现的信念努力奋斗，梦想就必定能够实现。

曾经有一个名叫罗伯特的美国人，他想用 80 美元来完成周游世界的计划，几乎所有人都将他的想法定论为不可能实现的“痴心妄想”。然而，罗伯特对那些冷嘲热讽毫不理会，他找出一张纸，写下了用 80 美元周游世界的各种办法：

★ 申请一份可以担任海员的证明文件；

★ 到警察局申领“无犯罪证明书”；

★ 考取国际驾驶执照，并准备一套国际地图；

★ 同一家公司签订合同，为之提供所途经之处的土壤样品；

★ 与一家全球性胶卷公司签订协议，确保可以在这家公司的任一分公司免费领取胶卷，但需要在沿途所到之处拍摄照片为公司作系列宣传。

……

当罗伯特做好上述的所有准备之后，他在随身口袋中装好 80 美元，兴致勃勃地开始了自己的旅行。结果，他实现了周游世界的梦想。以下是截取自他旅行中的一些小片断。

★ 他在加拿大巴芬岛的一个小镇吃免费早餐，条件是为这家餐馆拍照并承诺在旅行中宣传。

★ 在爱尔兰，他用 4.8 美元购置了 4 箱香烟。他从巴黎到维也纳的交通费用不过是送给每位船长一箱香烟。

★ 从维也纳到瑞士的途中，他搭乘货车的司机突然生病，于是拥有国际驾照的他将司机送到医院，并将货物安全送达目的地。货运公司为表示感谢，派专车将他送抵瑞士，当然费用是完全免费的。

★ 在西班牙，一家公司刚刚开业，但是用来拍摄开业场面的照相机突然出现故障，罗伯特免费为之拍摄了照片，而对方送给罗伯特一张抵达意大利的机票以示谢意。

★ 在泰国，他为一家高档的宾馆提供了一份美国人最近旅游习惯的资料，于是他得以享受一顿丰盛的晚餐。

……

罗伯特创造的传奇故事，足以令我们瞠目结舌，更值得我们为之喝彩的是他的勇气和智慧！同理，在追逐梦想的路途上，我们也需要具备这样的潜质，才能创造出同样的传奇。只要我们有足够的信心，有积极的行动，有挑战困难的勇气与智慧，梦想之门便会为我们打开。

人们往往习惯于将他人的成功归为一种幸运，而把自己的失败归为上天的不公。其实，**成功的人生，源自于对梦想的无比执着**。意大利政治思想家和历史学家尼可罗·马基亚维利有句至理名言："幸运总伴随着有实际行动的人，一旦停止行动，幸运就会同你分手。"可以说，成功者之所以成功，在于他们通过自己的积极行动，用自己的勇气与智慧，与幸运手牵手一路同行。

人们确定梦想之后，所要关注的是如何前行，向着梦想争取一丝一毫的进步。就算前方困难重重，都要想方设法克服，我们必须达到我们的目标。没有行动，梦想只是空想；只有付诸行动，美梦才能成真！

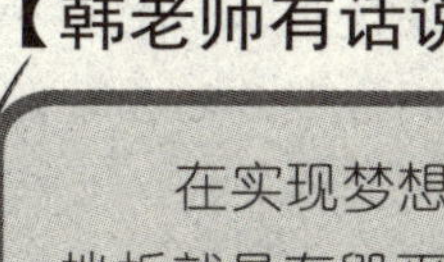

【韩老师有话说】

在实现梦想的路上决定了就要坚持走下去，畏惧挫折就是在毁灭进步，害怕失败就是放弃成功。世上有很多资质平凡的人成功，也有很多才智超群的人失败，这往往取决于人们能否坚定不移地拥抱梦想，不受任何诱惑，脚踏实地地朝着自己的梦想勇往直前。

3. 梦想的软着陆

曾几何时，上班族群体内盛行一种游戏——植物大战僵尸。在游戏中，人们为了保卫自己的家园，挑选和种植自己中意的有着不同等级战斗力的植物，以抵御那些形态各异、令人生厌的僵尸的野蛮入侵。

现如今，却有越来越多的企业正在为如何激活"僵尸"员工而发愁。何谓"僵尸"员工？**"僵尸"员工是指身处职场，不干活或消极怠工、混日子的人**。他们通常只是消极应付工作：创造力水平日益下降，只知道按部就班地完成上级交代的任务；脸上的笑容越来越少，不断抱怨人生暗淡无光，工作没有前途；眼中的热情早已熄灭，在三点一线的悲催生活中浑浑噩噩，无所事事。他们俨然成为了企业僵尸。

"僵尸"员工的衍生，固然有着许许多多的客观原因，但最为重要的一个原因便是，自己当下所从事的工作不能体现自己的人生价值，工作唯一目的只是为了生存，养家糊口。

江先生便是“僵尸”员工的典型代表：

机械制造专业毕业的江先生，步入了自己职业生涯的第六个年头。六年以来，他从事了很多方面的工作，从最初的机床操作工、机车维修、模具设计到后来的机械设计工程师，江先生一步步走来，总算是熬出了头。

可在他自己看来，这不是他自己想要的生活，他从小就立志要成为一名律师，他希望用自己的满腔热情，用自己的能言善辩，用自己所掌握的法律知识，为世人伸张正义。可当自己好不容易挤过“高考”这座独木桥之后，却迫于家里的反对，报考了一所理工大学，选择了自己并不感兴趣的机械制造专业。

终于有一天，他厌倦了日复一日的枯燥单调的生活，他不想长此以往地“混”下去，白白地浪费自己的青春了。他毅然决定辞职，找了一份能够历练自己口才的销售工作干了起来，可没想到这家公司3个月之后却倒闭了，于是江先生只得另谋出路。

之后的几年时间里，江先生先后做过好几份工作都不尽人意，最长的也就做了不到半年时间就跳槽了，随着时间的推移，他开始逐渐地对自己失去了信心，他怀疑自己这么多年来，是否真的走错了路，是该为自己的理想打拼呢？还是重走自己的老路？毕竟，机械制造才是自己的专长。

试想一下，如果江先生上大学时选择了自己感兴趣的法律专业，毕业之后又找了一份与自己专业对口的律师工作，那么，他的人生还会如此浑浑噩噩吗？他还会有现在这般苦恼吗？

很多人之所以没能实现自己的梦想，没有体现自己人生的价值，就在于他们没能坚持自己的梦想，没能订立一个明确的目标，没能朝着自己的梦想一直前行。

每一个人都曾经拥有梦想。有些人在追梦的过程中，体味到挫败，见识过现实社会后，被刺得遍体鳞伤，于是，他们便不再相信梦想，放弃了自己曾经有过的目标。他们没有意识到，在放弃梦想、放弃目标的同时，他们也放弃了自己的一生。

梦想的硬着陆，使得他们摔疼了，摔怕了。他们选择了得过且过，每日重复做着自己毫无兴致的事情。每天极不情愿地起床，无法顾及明媚的阳光照耀着大地；上班时能不干的坚决不干，坐等着下班回家；回家之后，也只是看看电视、玩玩电脑便安然入睡——死气沉沉的一天结束了。他们就像僵尸一样，**在日复一日的无聊生活里，敷衍了别人，也敷衍了自己。**

是时候问一下自己了：我的梦想是什么？我最想做什么样的事情？我现在

从事的又是怎样的工作？我离自己的梦想是越来越近了还是背道而驰了？我是该继续走这条老路还是该另谋出路？

当你找到了以上问题的正确答案时，你的梦想也便实现了软着路。这涉及到一个职业规划的问题。通俗一点讲，就是你选择谁作为你的雇主，选择谁为你的梦想买单。

比如说，你的梦想可以是挣到二百万，或者在西安买套三室二厅的房子等物质上的愿望；也可以是一个远大的目标，比如成为一个出色的律师，或者做一名知名记者等决定人生大方向的梦想……只要是你想做的或是必须做到的，都可以成为你的梦想和目标。

当你拥有这些梦想之后，你需要考虑如何实现这些梦想，并将这些梦想与你的求职意愿挂钩——找到那个能带领你实现梦想的人，并与他一路同行。

在没有定位好自己的职场路之前，千万不要随意去尝试，那样只会浪费你的生命。试着停下来想想自己究竟想做什么，适合做什么，能够做什么；目前有哪些行业适合你去发展，它们的发展趋势如何；有哪家公司的愿景能够搭载你的梦想，你也打心底里愿意为之效劳……

总而言之，要想实现梦想的软着陆，就要为自己的职场发展作一个准确的判断，为自己规划出清晰而明确的职场路线。

【韩老师有话说】

我们要对工作怀有一份敬畏之情，因为他是我们要用一生来践行的事业。在选择从事何种工作时，一定要抵制外界的干扰，不要因物质条件、社会评价以及同类攀比而影响了自己的决定；一定要听从自己内心的召唤 —— 我热爱这份工作，我有能力接受工作带来的挑战，我相信自己能实现人生的价值。

4. 带着使命工作

国内外许多知名企业之所以越做越大、越做越强，正是因为领导者对于自己的企业使命都有着明确的定位，并能够聚拢和带动一批有着相同使命的员工一起奋斗。世华的成功，同样是努力践行使命的结果。姜岚昕老师在其所著《领导解放，企业重生》一书中写道：

使命感是决定团队行为取向和行为能力的关键因素，是一切行为的出发点。具有强烈使命感的同仁不会被动地等待着工作任务的来临，而是积极主动地寻找目标；不是被动地适应工作的要求，而是积极、主动地去研究变革所处的环境，并且会尽力做出有益的贡献，积累成功的力量。所以，作为一个领导者，一定要引发全员为了自己的使命而工作，而不是为了老板，为了企业，也不是单纯为了一份薪水而工作。

从2001年，我立下了世华的使命：为世界华人的富强而努力和服务，使华人企业成为世界经济的脊梁。之后，我每天都在问自己：你用心践行使命了吗？你引领更多人践行使命了吗？你一直在为使命坚守吗？为使命你愿意持续成全吗？

不仅我问自己，我还要我的同仁问自己。到今天为止，世华的每个同仁都为有这样的使命而自豪，都会骄傲地说自己今天做了哪些事情，如何服务好客户。每当听到他们在分享这些事情的时候，我心里就会有莫名的感动：我们做的也许只是很小的一件事情，但是对于世华的人来说却都是使命的体现。不管身在何处，不论何种职务，世华的同仁都在为这一使命而奋斗。客户也为我们这种精神所鼓舞，我们也因为有这样的奉献精神一次次地赢得了客户。

不仅是企业领导者，作为企业的一份子，员工也应带着使命工作。对于员工而言，既然你选择了现在这份工作，选择了现在的老板作为你的雇主，也就意味着你已经选好了走在追梦路上的领头人与同伴，也就意味着你已经把公司的发展与自己的个人利益和个人目标结合起来了。为了实现自己的梦想，为了践行人生的价值，必然要求你带着使命工作。

有一个人在经过一片建筑工地时，看到三个砌砖工人正顶着烈日在砌墙，他问道："你们在做什么呢？"

第一个工人头也不抬，显出很不耐烦的样子回答道："难道你没看见吗？我正在砌墙。"

第二个工人有气无力地说："哦！我正在从事一项每小时10美元的工作。"

第三个工人一边手脚麻利地干着活，一边非常愉快地答道："嗨，朋友。我不妨坦白告诉你，我正在建造世界上最伟大的建筑！"

十年后，第三个工人成为了最伟大的建筑师，而其他两个人仍在砌砖垒墙。

三个砌砖工人身处相同的工作环境，在相同的时间里，从事同样的工作，却对当下自己的工作有着完全不同的看法和态度。

第一个工人患了"工作疲劳症"，对工作已失去了激情和兴趣，权当是一件稀松平常的事；

第二个工人则把工作当成谋生的手段，并认为工作是为了赚钱，养家糊口；

第三个工人则与前面二人截然不同，他心怀使命，通过不断在大脑中描绘美丽愿景，提升工作的价值感和成就感，从而抱持“快乐工作”的心境，使一件枯燥单调的工作变得很有乐趣了。

带着使命工作，就是**要知道自己在做什么，以及这样做的意义**。其作用在于，它能让人们分辨出自己是在做事还是做事业，这对工作的执行与成果的获得具有决定性的作用。

当一个人将自己所从事的工作当成事业来做时，他便会具有很强的主人翁意识，他会对工作满怀激情。作家拉夫尔·爱默生说：“激情像浆糊一样，可以让你在艰难困苦的场合里紧紧地把自己粘在这里，坚持到底。它是在别人说你‘不行’时，能在内心里发出‘我行’的有力声音。”当一个人把工作当成事业来做时，就会对工作怀有崇高的责任感和敬畏感。有了这两种态度，他就会以尽职尽责之心对待自己的工作，他就会变得比别人更容易成功。

现在，为自己举行一个庄严的使命宣告仪式吧！

实战演练

身体笔直站立，右手握拳，高举至自己右耳上方，庄严宣读自己的使命宣告词：

作为 ××× 公司的正式员工，我庄严宣誓：

我要遵守公司规章制度，团结同事，为团队荣誉而拼搏，为人生辉煌而奋斗。不辜负父母，不辜负老板，不辜负领导，用勤奋证明自己，用努力成就未来。

……

我不畏艰难，我信心十足。我追逐梦想，我勇往直前。我有青春作伴，我有无穷的力量。

……

人生由自己开拓！梦想靠自己打拼！我相信：天道酬勤！我铭记：世上无难事，只怕有心人！青春只有一次，人生只有一回，努力拼搏，誓圆梦想。

宣读过程中，用录像机或手机将这段经历拍成录像，作为以后自我激励的资料保存。

宣誓，是一种承诺，是一种非常庄严的公众承诺。而使命宣誓，亦是一种承诺，是一种非常庄严的自我承诺。其目的在于，让自己时刻铭记在公司的使命，在心中确立使命感，并强化自身的责任感。

【韩老师有话说】

工作亦是生活，工作亦是事业。当你习惯了这样的思维时，你在工作时便会投入，投入便会使你富有激情，而激情会使得你变得更加积极主动。一个员工要有所发展有所成就，就一定要带着使命工作，把自己从事的工作当成事业去做。

加速价值增长的

个要点

身处职场，最重要的是让自己加速增值，而不是简单地追求增长薪资。薪资的增长对于员工个人来说自然是好事，但并不能说明什么，更重要的是你自己学到了什么，从职场的经历、工作中获得了什么，工资只是最低层次的东西，更重要的是你的能力有没有提高，技能有没有增强，个人综合素质有没有提升等，当你个人从工作中真的增值了，薪资增长则是自然而然的事情。

长江日报上曾经登载了一篇《投资不如让自己增值》的文章，该文章引用“浦发银行武汉分行财富管理中心总经理、国际金融理财师张东荣”的话说，当前形势下，让自己增值才能从根本上守住财富。

张东荣从投资角度出发，将现有人群分为三类。一类为省吃俭用之人。每月工资 2000 元，开销 1500 元，剩余 500 元存入银行。第二类为善于理财之人。每月省下 1000 元用作投资，如买国债、基金等。第三类为自我增值之人。通过有目地的学习和努力，轮岗、升职,使原来2000元的月薪提升至4000元。哪类人的财富增值最快？毋庸置疑，肯定是后者快。

既然如此，那怎样才能让自己在职场中加速增值？怎样才能在自己的职涯生涯中不断做加法？怎样才能让自己随着时间、经验的累积变得更有价值呢？

要想在职场中有所发展，加速增值，必须找准自己的价值增长点。一是心智增长点——心智越成熟、越容易成功。二是才智增长点——才能与智慧并驾齐驱，人生目标终可达成。三是人缘增长点——拥有好人缘，团队合作更融洽。四是成果增长点——成果彰显尊严，成果证明价值。五是品性增长点——时时不忘雕琢自己，成就完美人生。

要点

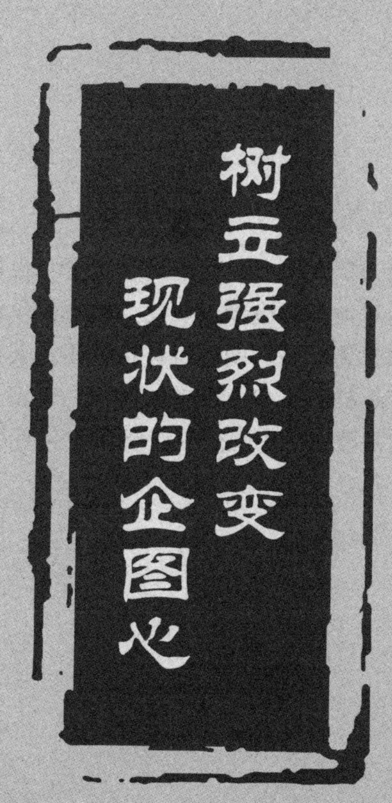

现实的无奈，抑或职场的漫长征途，也许早已磨灭了你的激情；面对他人的进步与成功，也许你早已麻木不仁；工作中除了填满无聊与苦闷，也许你从不见其他的色彩。如果你不想一直这样活下去，那就醒醒吧！请记住：成功的前提条件之一就是要有一颗强烈改变现状的企图心。

1. 安于现状就是自取灭亡

达尔文进化论的提出，揭示了自然界的生存规律——丛林法则：生物之间存在着生存斗争，适应者生存下来，不适应者则被淘汰，这就是自然的选择。

物竞天择，适者生存。梅花鹿从天刚亮就开始奔跑，如果它的奔跑速度不够快，就会被老虎吃掉。老虎自然也不敢怠慢，因为如果它跑不过鹿，就有可能因没有食物吃而被饿死。狼的生存力虽强，可野外环境非常险恶，如果不能齐心协力，也极有可能被饿死……

动物出于生存本能，尚不会安于现状，何况是万物之灵的人类呢？孟子说："生于忧患，死于安乐。"这是两千多年前的哲理，放到现在来讲，一样适用。它警示我们：一个人或一个国家如果具有忧患意识，毫不松懈，那么便能生存；如果长期安逸享乐，那么就有可能自取灭亡。**当今社会竞争日趋激烈，一个人如果没有忧患意识，一味安于现状，那么很容易在竞争中被对手超越，或者落后于企业发展的步伐，最终被无情地淘汰了。**

在如今这样一个残酷竞争的时代，职场和商场中的竞争已经成为一场不进则退、永无止境的竞赛，企业及其员工都身处危机之中。每一个成功的企业都始终保持着忧患意识。国内外知名企业管理完善、业绩显著、资金雄厚，看似不需要保持忧患意识，可事实证明，不论企业是否强大，危机是如影随形的。

华为总裁任正非坦言："华为总会有冬天。准备好棉衣，比不准备好。"

海尔的 CEO 张瑞敏有句人生格言："永远战战兢兢，永远如履薄冰。"

联想总裁柳传志曾经说过："我们一直在设立一个机制，好让我们的经营者不打盹。你一打盹，对手的机会就来了。"

微软总裁比尔·盖茨更是宣称："我们离破产永远只有 18 个月。"

电脑巨头戴尔也曾表示："我有的时候半夜会醒，一想起事情就害怕。但如果不这样的话，那么你很快就会被别人干掉。"

正是由于这些企业领导者拥有强烈的忧患意识，做到了居安思危，才使得这些企业得以生存下来并不断发展壮大。

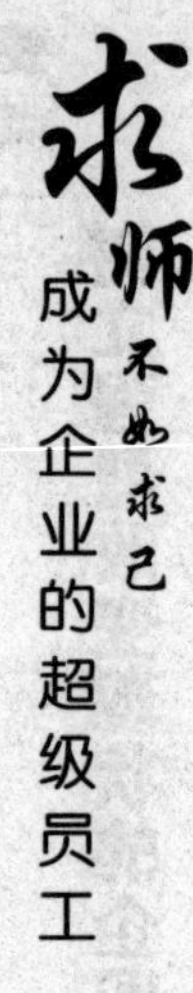

作为企业员工，同样面临着外部的竞争压力。

有一天，我在大街上碰到一位学员，只见他行色匆忙，我便问他忙什么去？他回答说："我是一名销售员，如果整天只知道呆在办公室里吹空调就失职了。我每个月都给自己任务，要开发10个新客户。平时，我上班都要去客户那里了解情况，比如他们对我们公司的产品有什么意见？对产品有什么新的要求？平常我也会主动和他们聊天，请他们吃饭，以便保持联系。再好的朋友你不常联系，人家也会渐渐淡忘你，更何况是客户。如果我的服务态度稍有不周到，别人就会取而代之。"

这就是那些具有忧患意识的员工在面对外部竞争压力时所抱持的积极心态。反观那些安于现状的员工，他们每天舒舒服服地呆在办公室里，工作的第一件事就是泡壶好茶，慢慢地品尝，然后和同事讨论当今的奇闻异事，一副悠然自得的形态。每当有客户打电话过来，就在电脑上打印一张送货单，派人送去。他们从不用跑出去开发新客户，只凭那些旧客户带来的业绩在吃老本。

作为一名员工，我们还应当意识到，在企业内部也存在着激烈的竞争。西方管理学上有一个非常著名的"鲶鱼效应"。

挪威人爱吃沙丁鱼，尤其是活鱼，挪威人在海上捕得沙丁鱼后，如果能让他活着抵港，卖价就会比死鱼高好几倍。但是，由于沙丁鱼生性懒惰，不爱运动，返航的路途又很长，因此捕捞到的沙丁鱼往往一到码头就死了，即使有些活的，也是奄奄一息。只有一位渔民的沙丁鱼总是活的，而且很生猛，所以他赚的钱也比别人多。

该渔民严守成功秘密，直到他死后，人们打开他的鱼槽，才发现只不过是多了一条鲶鱼。原来鲶鱼以鱼为主要食物，装入鱼槽后，由于环境陌生，就会四处游动，而沙丁鱼发现这一异己分子后，也会紧张起来，加速游动，如此一来，沙丁鱼便活着回到港口。

"鲶鱼效应"已经被越来越多的中国企业所认同，并成为了企业领导者激发员工活力的有效措施之一。

你可以想象这样一幅场景：小中大三类鱼一同生活在一个鱼塘里，小鱼每天担惊受怕，生怕被中鱼或大鱼逮住吃掉，它一再埋怨："这世界真没天理。"中鱼后面紧跟着大鱼，也得每天游走，但想到自己还有小鱼可以食用，它会说："这世界还是有一点天理的。"大鱼最具竞争力，它每天以捕食小中鱼为乐趣，它得意地说道："这世界就该这么着。"

你愿意做大中小三条鱼中的哪一条呢？答案不言自明！

作为员工，我们必须要有压力，有危机感，树立"今天工作不努力，明天努力找工作"的忧患意识，才能产生主动"充电"、主动工作的欲望，变"要我学"为"我要学"，"要我做"为"我要做"，进而提高自己的竞争力。

只有树立强烈的忧患意识，才能让自己在竞争中立于不败之地。反之，如果不能树立强烈的忧患意识，就会面临被淘汰出局的危机。我们必须清醒地认识到危机的存在，时刻保持着清醒的头脑，并牢固地树立忧患意识。

【韩老师有话说】

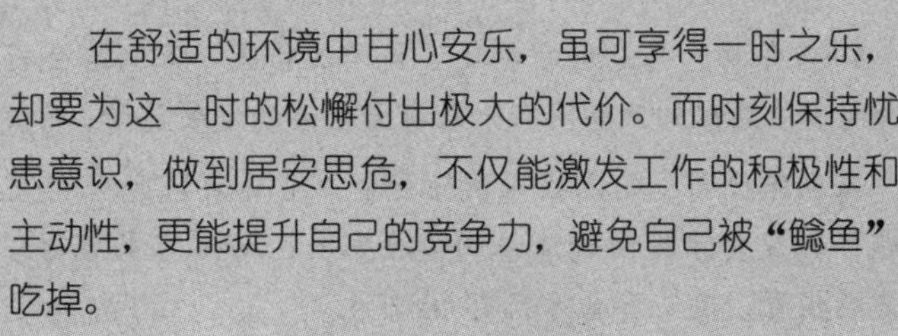

在舒适的环境中甘心安乐，虽可享得一时之乐，却要为这一时的松懈付出极大的代价。而时刻保持忧患意识，做到居安思危，不仅能激发工作的积极性和主动性，更能提升自己的竞争力，避免自己被"鲶鱼"吃掉。

2. 不改变，毋宁死

"不自由，毋宁死！"（give me liberty or give me death!）是美国独立战争时期著名政治家和演说家帕特里克·亨利于1774年在弗吉尼亚州议会上发表演讲时的最后一句话。这句话气势磅礴，铿锵有力，把演讲推向了高潮，给听众留下了深刻的印象。这一警句当时不胫而走，深深鼓舞了人们为争取独立而进行的斗争，而且两百年来家喻户晓，一直为人们所传颂。

如今，我更愿意用"不改变，毋宁死！"这句话来与所有不满自身现状，欲有所改变的人共勉。

改变现状的道路从来就不是一帆风顺的，它充满了荆棘与艰辛。如果没有强大的内心，没有坚强的意志，是很难披荆斩棘，功德圆满的。

马云可以说是当代创业者心中的偶像，人人都钦佩他取得的成就，羡慕他现在的成功，可很少有人知道马云创业之时的艰辛。其实，马云在成功创立阿里巴巴之前，曾经有过三次创业经历，每次经历都让人不禁感慨他意志的顽强。

创办杭州首家翻译社

1992年，28岁的马云是杭州电子工业学院的教师，每个月的工资还不到

100 元。但没钱不是问题，他找了几个合作伙伴一起创业，风风火火地把杭州第一家专业的翻译机构成立起来了。

不得已靠卖杂货维持生存

创业伊始，举步维艰。第一个月，翻译社进账才 700 元，可光房租费就要 2400 元。很多朋友劝马云放弃，可他并没有心灰意冷。为了维持生存，马云开始四处奔走，靠贩卖礼品、内衣、医药等小商品来补贴翻译社。1995 年，翻译社终于扭亏为盈。现今，海博翻译社已是杭州最大的专业翻译机构。

开办中国第一家网站

1995 年初，马云有幸参观了美国西雅图一家网络公司，亲眼见识了互联网的神奇，他意识到互联网在未来有着巨大的发展前景，毅然决定回国做互联网。

做网络公司，需要投入巨额资金，可马云只有 6000 元现金。于是，他四处筹钱，并变卖了海博翻译社的办公家具，好不容易凑够了 80000 元。加上两个朋友的投资，创业资金才只有 10 万元。

公司创立初期，开支大业务少，往往是负盈利。最凄惨的时候，公司银行账户上只有 200 元现金。但是马云硬是凭借着顽强的意志，不屈不挠，克服了重重困难，把营业额做到了几百万元。

不同的人有不同的活法，有的人一生充实而丰富精彩，有的人一生乏味而碌碌无为。如果说机会可以改变命运，那么马云的几番创业历程，则印证了用意志改变自己人生更为现实与可行。

心理学上对意志的解释是这样的：**意志是人自觉地确定目的，并支配行动，克服困难，实现目的的心理过程**。由意志产生意欲，由意欲产生动机，由动机产生活动。

意志具有顽强的生命，它具有无穷的力量，是我们改变现状的内在驱动力。无论何时何地，我们都要坚信：拥有顽强意志之人，所向披靡；意志坍塌之人，一事无成。

春秋战国时期，一位将军带着还只是马前卒的儿子出征打仗。一阵号角吹响，战鼓雷鸣，将军庄严地托起一个只插有一支箭的箭囊，郑重地对儿子说："这是家传宝箭，配带在身边，将会让你力量无穷，但千万不可抽出来。"那是一个极其精美的箭囊，它是用厚牛皮打制的，镶着幽幽泛光的铜边儿。再看露出的箭尾，一眼便能认出是用上等的孔雀羽毛制作而成的。儿子喜上眉梢，贪婪地推想箭杆、箭头的模样，耳旁仿佛听到"嗖嗖"的箭声掠过，敌方的主帅应声折马而毙。果然，装配宝箭的儿子英勇非凡，所向披靡。

当鸣金收兵的号角吹响时，儿子再也禁不住得胜的豪气，完全忘记了父亲的叮嘱，强烈的欲望驱使他一下就拔出了那支家传宝箭，试图看个究竟。骤然间他惊呆了。一支断箭，箭囊里装着一支折断的箭。“原来我一直挎着支断箭在打仗！”他吓出了一身冷汗。

结果不言自明，儿子惨死于乱军之中。当父亲拾起那支断箭，沉重地哀叹道：“不相信自己的意志，永远也做不成将军。”

人生在世，最能依靠的是自己本身，能拯救自己的只能是自己的意志。千万不要把希望寄托在他人身上。一个把生命的核心交给他人的人，是非常愚蠢的。他的这种行为，亦是极其危险的。

自己才是一只宝箭，若要它坚韧，若要它锋利，若要它百步穿杨、百发百中，磨砺它，驾驭它的都只能是自己。不管你所处的现状如何糟糕，不管你的生存环境多么险恶，只要有顽强的意志，你就能战胜任何困难，改变自己的一生。

实战演练

对自己或者糟糕的现状有任何的不满或抱怨，你都应该把它们记录下来，进行一个小小的汇总。

1. 人缘不太好，没有什么朋友。
2. 薪水太低，剔除每月的固定开销，剩不了多少。
3. 身体素质不好，体重严重超标。
4. 心理年龄小，不成熟，做事欠考虑。
5. 性格不好，最近总是乱发脾气。

……

对此类问题有了清晰的认识之后，我们接下来要做的就是列出一些相应的改变措施，并抱持“不改变，毋宁死”的决心，用自己的顽强意志使之付诸行动。

1. ______
2. ______
3. ______
4. ______
5. ______

……

古语有云："锲而舍之，朽木不折；锲而不舍，金石可镂。"当一个人有了顽强的意志，就不会向挫折和困难低头，反而会更坚强地去面对，那么挡在面前的种种障碍就会显得不堪一击了。

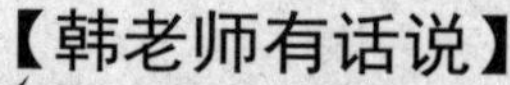

在我看来，顽强的意志是成功的关键，它犹如打开成功之门的金钥匙。只要我们拥有了这把金钥匙，那么我们就是自己命运的主人，我们的人生便可以完全掌握在自己的手中。

3. 心不正则路不通

职场竞争不进则退，不能在工作中创造业绩、获得升迁的职场人士往往会被淘汰。作为公司的一名员工，切忌安于现状，不思进取。这才是员工立足于职场的正确心态。

在这种正确心态的引领下，如何改变自己目前所处的现状，找到能切实改变自身现状的方法，这是任何员工都应特别关注的话题。

对于很多业绩平平、表现不佳的员工来说，他们致命的缺陷就在于工作能力不足。他们端正心态之后，迫切需要的是弥补自己的缺陷，培养实现目标所需的能力。这个目标不单单是指能够胜任工作，也包括任何有助于提升自己的所有目标。

在众多提升工作能力的方法之中，岗位技能矩阵法（运用矩阵图来进行岗位技能培训）可谓是最为经典的一种方法。

矩阵图由行和列组成，并在行和列交叉的地方用数字或者符号来表示相互之间的关系，是一种决策与分析工具。岗位技能矩阵简化示例，如图 3.1 所示。

作为公司的管理者，你可以使用岗位技能矩阵来组织你的团队成员进行有计划的技能培训，有效提升下属的技能水平。作为公司的基层员工，你可以使用岗位技能矩阵做以下事情。

◎ 能够清晰地、量化地描述不同工作岗位对知识技能的具体需求，从而很快显示出你的职业成长计划。

◎ 岗位技能矩阵通常可以形象地描述组织对各岗位要求的一岗多技之需求，对于你横向能力的提升可做出有效的指引。

◎ 利用岗位技能矩阵可以对岗位技能学习情况进行自我监督、控制，比如说你的技能现状的平均值为33%，而员工B的技能现状为45%，很显然B的岗位技能学习情况要比你好。

岗位（员工） 技能要求	岗位1 （员工A）	岗位2 （员工B）	岗位3 （员工C）	岗位4 （员工D）	岗位5 （员工E）
技能1	★		☆		◇
技能2	☆			★	
技能3	◇	★	★	◇	☆
技能4		◇		☆	
技能5		☆	◇		★
注明：在此图中★表示熟练，☆表示掌握，◇表示了解					

图3.1 岗位技能矩阵示意图

技能培训不能一把抓，而应针对不同员工的技能缺陷进行有针对性的培训与提升。也就是在做好员工培训需求分析的基础上制订培训计划。下面结合某公司技术部对岗位技能矩阵这一工具的有效运用，来剖析其实际操作过程。

（1）对技术部各岗位职能和岗位职责等实现所需要的工作活动进行分层分类罗列（通常可以按职责、任务、行为表现进行层级归纳），如表3.1所示。

表3.1 岗位技能矩阵示意表

职责	任务	行为表现
模具设计	制作技术图纸	根据产品规格设计模具
		利用绘图工具绘制草图
		……
	……	……
模具制作	……	……
……	……	……
……	……	……

（2）根据行为实现推导出岗位所需要的态度、知识、技能等培训项目，并将这些技能项目罗列至表格纵排。

（3）根据岗位职责实现所需的行为要求确认各岗位成员在每个培训要项中要达到的程度水平，并用数字表示他的目标技能程度（例如数字3表示熟练、2表示掌握、1表示了解、0表示不需要）。

（4）由其直接上司简单评估各岗位成员在每个技能项中的实际水平，并用不同的颜色表示，绿色（黑色）表示已经达到、黄色（灰色）技能还需要提升、红色（白色）表示技能从未被训练。

（5）根据对各岗位成员技能的评估，可得出该部门每项技能提升的需求（就是黄色和红色的框数量），也可以计算出该部门岗位成员每项技能现状（用百分比表示：已达标技能数量 / 人员总数）。

（6）最后可根据每项技能现状的加权平均计算出该部门目前技能的总现状，从而结合组织工作开展的实际需求设定合理的技能达标率。

（7）根据上述技能矩阵表制定个人发展计划。

最终成型的员工技能矩阵，如图 3.2 所示。

知识与技能项目	需求	技能现状	技能达标率	部门成员		
				吴伟	张民	蒋雯
设计技能	3	1/3×100%	100%	3	3	3
质量管理	3	2/3×100%	100%	3	2	1
成本管理	2	0/3×100%	2/3×100%	2	0	3
档案管理	1	0/3×100%	1/3×100%	3	0	0
……	…	…	…	…	…	…
合计		$(n_1+n_2+\cdots)/n$	$(N_1+N_2+\cdots)/N$	M_1	M_2	M_3
说明：M_1，M_2，M_3……= 黑框数量 / 有数字的框的数量，用来表示某个技能目前的达标水准						

图 3.2　岗位技能矩阵

由此可见，不管是部门主管还是基层员工，岗位技能矩阵都是你做好技能培训的一大利器。当你看完并学会如何制作之后，就赶紧去实践一下吧！它能助你的职场之路越来越顺畅。

【韩老师有话说】

在改变现状的道路上，不管发生什么样的事情，都要告诉自己“总会解决”；不管遇到什么样的困难，都要告诉自己“总会过去”；不管经历什么样的考验，都要告诉自己“总会挺住”；不管走过多少弯路，都要告诉自己“总会有路”。

4. 平衡你的企图心

相信许多人都玩过跷跷板的游戏，两个人在板的两头，互相配合，不让任何一方过重，讲究的就是一种平衡的技巧。

其实，**人的企图心也是一样的，也需要平衡**。只是它比较隐形，容易被人们忽视罢了。

既然是这样，那么现在请你准备好笔和纸，写出你心里埋藏着的那些企图心得不到满足或让你感觉不平衡的事，然后再逐个击破它们，化不平衡为平衡。

也许你觉得思绪太乱或要写的太多，不急，你可以先理顺一下思路，然后再慢慢写。在这过程中，我们不妨来看一个生活中的实例。

我有一个朋友，最近找到一份挺满意的工作，工作了一段时间之后，他发现公司里大部分人都比他工资高，上面也有许多权力大、地位高的领导，而自己只是个小角色。这时候，他的烦恼就产生了。更令他难以接受的是，跟他一同进公司的另一个同事，被老板提拔做了业务部经理，而老板却一点也没有赏识他的意思，他的心理开始不平衡了。于是，他整天想着怎样往上爬，怎样才能出人头地，最后，搞得自己身心疲惫。所谓的企图心得不到满足大概就是如此吧。

把你心理不平衡的事都写出来了吗，你都写了些什么？

记得有位女士曾这样写：我有个高中的女同桌，学历、相貌、能力都不如我，为什么一晃十年过去了，人家夺走了我曾经苦苦追求的对象，找的工作也比我好很多，而我的老公整天就知道老实工作，可也没能给家里攒多少钱，我怎么就不如人家呢？我心理不平衡。

有位大学生在纸上写道：昨天下午的那场院级足球赛，我们队有四次射门的机会，都无法破门；而对方仅有的一次，就让我们输掉了比赛，为什么上天这么不公平，我作为前锋，一个小小的进球欲望都得不到满足，我的心里憋得慌，没法说服自己。

如果我们仔细思考一下前面列举的几个人的心理，不难发现，**这些不平衡往往就是比较以后导致的结果**：先生把自己跟有钱人作比较，别人能轻松满足自己的企图心，而自己不能，于是产生了不平衡；女士把自己与高中的同桌比较，苦苦追求的心仪对象被一个她认为比自己“差”的人给夺走了，联想到自己的生活境遇，当然她的心理会失衡；大学生更是，没有比多于对手努力而输给对手更让人难以平衡的事了。

比较对我们来说是很有意义的，它促使我们努力追求，不断进步。但是，

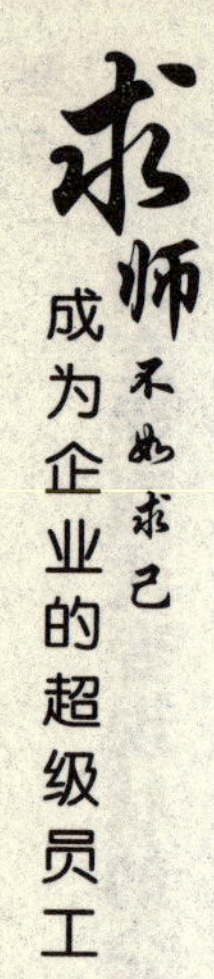

比较得合情理，讲求方法。这正是我们用来纠正心理不平衡的法宝。

第一个要为你介绍的方法是，当你拿自己和别人比的时候，你要找准“参照系”。不平衡心理多半缘于比较方式的不当，缘于“参照系”的选择失误。

在生活中，我们总拿自己跟有钱人去比，只看到他们风光的一面，想象着他们的幸福，其实，由于不常往来，我们对那些有钱人并不熟悉，更谈不上了解。总把自己和想象中的别人比，只会徒增自己的烦恼罢了；爱美的女士，总爱拿电视或杂志上的明星、模特和自己比，于是发现，自己怎么长的这么难看，怎么就不能长高点、再瘦点，有的甚至把这一切都推给自己的父母，怪他们没把自己生得漂亮些。

你是不是也像他们一样，犯过同样的错误？其实，这些选错了“参照系”的比较是没有任何意义的，也是完全没有必要的。

此时，可能你会说，我常不自觉地会拿自己跟身边的人、有过接触的人、处在同一环境或者具有同等水平的人比。

对了，这就是我接下来要说的第二个方法，**就是比什么。**

比如，女士的心理不平衡完全是没有必要，完全是不会比，比的东西不对造成的。十年，人生的变化很大，当初的那个比她“差”的同桌，现在也许比她更优秀。她更应该为有这么一个辛苦工作、勤劳养家的好老公感到心满意足才对。

现在，以我的那个朋友为例，**看看我们应该比什么。**

第一，比付出。朋友发现别人工资比他高，他只看到表面的现象，而没有找出内因。这时候，他应该站在别人的立场上，换个角度来思考，我在公司呆的时间长，对公司的贡献大，付出也多，工资自然高。

第二，比压力、责任。朋友认为自己只是个小角色，别人的权力比自己大、地位比自己高。其实，更大的权力、更高的地位就意味着更大的压力与责任。拥有更大权力和更高地位的同时，工作压力和肩负的责任也更大。

第三，和自己的过去比。对比自己的过去，看看有没有进步，能力有没有提高，如此这般比较才是对的，才能激起人的上进心。为什么和自己同时进公司的同事能被老板赏识、提升？更应该从自身方面去找原因，也许是自己不懂得交际，对老板太过冷漠，要知道老板也是人，也需要别人的尊重；也许是自己的能力不足，在工作中有所欠缺；也许是这位同事比自己更适合于业务部经理这个职务。

比，这么一件看似简单的事，其实蕴涵着很多的学问。要比就比谁付出的更多，谁的压力、责任更大，自身能力是否有提高，如此才能比出进步，比出满足，从而使自己的心态更平和。

原来一张洁白无瑕的纸上是不是已变得笔迹斑驳，你的那些“不平衡”是否已经逐个矫正过来了？平衡的感觉是不是很好？

对于这张写满了曾经让你不痛快的纸，你应该如何处理呢？你可以把它撕得粉碎再扔进垃圾桶；或者一把火把它烧掉。让那些不平衡的感受从你的内心世界消失吧。

很多人之所以活得那么痛苦，是因为他们追求了错误的东西。他们什么都想做，可结果却什么都没做好。人都应有强烈的企图心，这是催人上进的原动力，可企图心一旦用错了地方，则会徒增烦恼。可见，学会平衡自己的企图心，这至关重要。

【韩老师有话说】

当我们感觉到自己不幸的时候，还有更多的人比我们感觉更不幸。当我们改变不了老天对我们的不公，就让我们改变自己。没有人能改变你，除非你自己。再难的境况，都可以找到笑着面对的理由。

要点

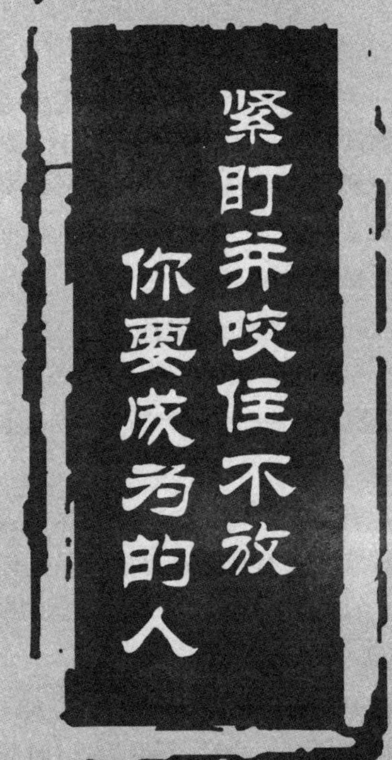

很多人浑浑噩噩，从没好好想过自己要成为什么样的人。也有人或许已经在按照自己的生活方式在努力做，他心目中已经有了目标。其实成为你想成为的人很简单，掌握特定的方法可以缩短这个过程。

心理学大师马斯洛曾经说过：“心理变，态度亦变；态度变，行为亦变；行为变，习惯亦变；习惯变，人格亦变；人格变，命运亦变。”换句话说，只要你肯想，你就能改变命运，成为你想成为的人。

现实中，有些人总觉得一切都不尽如人意，总觉得自己无能为力。其实，没有什么不可能，只是你还没有唤醒内心的心灵巨人。当你紧盯住自己的人生目标，并将之一步步分解，分时分段达成，自然就更容易成功。

更重要的是，要想成为你想成为的人，就必须管理好自己的时间。要知道，生命经不起拖延，时间经不起浪费。总而言之，只要你肯想并能为之行动，你就能成为你想成为的人。

1. 聚焦正面

世界首富比尔·盖茨曾经说过："人与人之间的区别，主要是脖子以上的区别。"大脑可谓是人类最有用的资产，但很多人却没有用好它。成功人士与落魄人士的区别在于：是否有正面的自我意识，能否对自己的内心想法进行审查、反思与甄别。

两个乡下人一起外出打工，一个去A地，一个去B地。可是在候车厅等车时，他们俩都改变了注意。因为邻座的人议论说A地人精明，就连问个路都要收费，B地人质朴，见吃不上饭的人，不仅给馒头，还送旧衣服。

去A地的人想，还是B地好，即使挣不到钱，也不至于饿死，幸亏车还没到，不然真要掉进火坑了！

去B地的人想，还是A地好，给人带路都能挣钱，还有什么不能挣钱的？幸亏还没上车，不然岂不是失去了一次致富的机会？

于是他们在退票处相遇了，原来要去A地的得到了去B地的票，原来要去B地的人得到了去A地的票。

去B地的人发现，B地果然好。他初到B地的一个月，什么都没干，竟然没有饿着。

去A地的人发现，A地果然是一个可以发财的城市，干什么都可以赚钱。凭着乡下人对泥土的感情和认识，他在建筑工地装了十包含有沙子和树叶的土，以"花盆土"的名义向不见泥土而又爱花的A地人兜售。每天他在城郊间往返6次，净赚了50元钱。一年后，"花盆土"竟然让他在A地拥有了一间小小的门面。

在长年的走街串巷中，他发现A地的清洗公司只洗楼，不洗招牌。于是他又买了些简单的工具：人字梯、小桶和抹布，办起了小型的清洗公司，专门负责擦洗门面招牌。后来他的公司发展很快，业务由A地发展到B地，员工也多达一百来人。后来他要坐火车去B地进行实地考察。在火车站，一个拾破烂的人把头伸进车厢内向他要那个空啤酒瓶。就在递瓶的瞬间，两人都愣住了，因为5年前，他们曾换过一次车票。

这两个人在候车厅得到的是同一个信息，但因为观念、想法的不同，导致了他们后来不同的命运：**当一个人的焦点聚在正面时，生命就会出现积极的特征；当一个人的焦点聚在负面时，得到的自然是落魄的人生。**

我们不妨想一想，同是一个公司的员工，岗位平台都一样，工作时间也一样，为什么有的人就能创造骄人的业绩，平步青云；而有的人就只是业绩平平，原地踏步呢？归根结底，就是因为"焦点"不一样。

成功者之所以能够成功，就是摆脱了负面的焦点，强化了正面的焦点，即自我激励，自我成功。我们应当始终坚信：**我们可以做成任何事，只要我们把焦点放在"如何去做"，而不是想着"做不到"**。

几年前，当我不甘心只是从事营销工作，准备开创培训事业时，我被这样一个事实困扰着：除了某些推广培训课程的经历外，我没有讲课以及组织培训活动的经历。从现实意义上讲，这是一个令人沮丧的事实。但在其中还有很多非常宝贵的经历被我一时忽略了，它们就像金矿一样，在我深入地审视自己时才被慢慢地挖掘出来。

那时候我曾经准备在西安发起并组织一个为期一周的关于员工价值的培训课程。但是，许多同事都试图劝说我放弃这个计划，我没有听从他们的意见，在克服了最初的生疏后，我成功地说服了好几个公司资助这个活动，这都要归功于我在营销工作中积累的客户资源。之后我拟定了一个长长的通讯地址，并亲自将其打印出来，当我得到许多从未谋面的公司老板、执行总裁的大力支持时，我发现我并不是那么不善于组织一场培训课程。

当成功地结束了此次课程后，我开始思考组织这次培训课程的意义。接下来，我利用这次活动的成功经验，在西安接连组织了很多场大型的培训课程。这些培训课程受到了很多人的喜欢。

起初，我的朋友和同事都试图劝说我放弃这个计划。他们认为这个想法不成熟，太过冒险了。但是在我看来这样做是有成功的把握的，因为：

（1）我发自内心地希望自己做成这件事情，这样的愿望无比强烈；

（2）我分析了自己的能力，首先，我具有说服素不相识者支持我组织培训课程的说服能力；

（3）这种活动符合我的某些气质，其中包括喜欢创造新东西，喜欢超越组织的边界进行活动，并且喜欢尝试做那些人们都说不可能成功的工作；

（4）我曾经多次全程参与了公司的培训课程，这是我的资本。我有很广泛的客户资源，这是我的优势。我善于通过媒介采访以及广告宣传来发布活动消息，这是我的特长。

基于这些原因，我才坚定了自己的想法。而无数次培训活动的成功，也证明了我当初的想法是正确的。

我之所以拿我自己的亲身经历来举例，就是为了印证焦点正面的力量：**它能让你摒弃那些消极负面的想法，变“不可能”为“可能”，进而创造更为积极的人生。**

当从你的内心或他人嘴里冒出：“这太疯狂了！绝对不可能做到。”这些负面想法时，你不妨坚定地回答：“我必须做到，这是毫无疑问的！现在不是我‘能不能’或是我‘应不应该’的问题，而是我如何能做到的问题。”

实战演练

当你坚定了自己要做成某件事情时，试着在纸上列出以下两个项目：左边是“为什么做不到”，右边是“如何能做到”。接着，在“为什么做不到”的那边画个大红叉，在“如何能做到”那边列举一些切实可行的思路与方法，以便自己能达成目标。现在开始，直到想出办法来才肯罢休。

这个月一定拿下 ××× 这个大客户

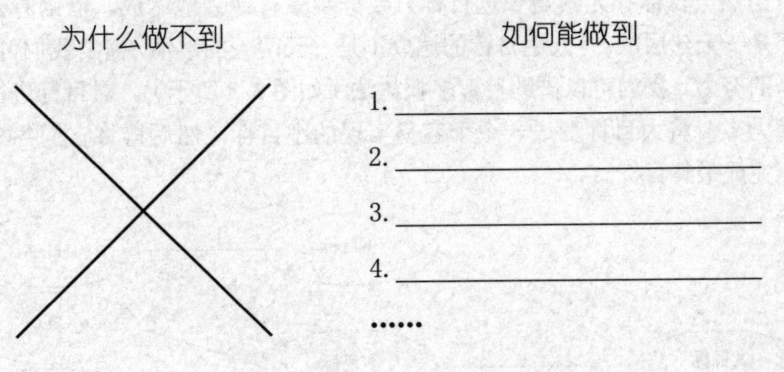

美国总统林肯对士兵讲话时总会鼓励他们说：“我只不过碰巧暂时占有白宫。你们的任何一个孩子都可以憧憬站在这里，就像我父亲的孩子已经做到了一样。”许多商业巨头的自传里都曾引述这一至理名言。许多人焦点负面，结果堵塞了自己上进的路。而那些焦点正面之人，却往往能够得偿所愿，抵达成功的彼岸。

【韩老师有话说】

两个人躺在同一块草地上仰望同一片星空，一个看到的是耀眼的繁星，一个看到的是无边的黑暗。看到耀眼繁星的人，想到的大多是自己光辉灿烂的前程；看到无边黑暗的人，想到的大多是前方征途的无比险恶。记住：有什么样的焦点，就有什么样的人生。

2. 目标的分步达成

目标是指引人生航向的灯塔，是成功人生的指路牌。哈佛大学曾经做过一项科学研究：对一群智力、学历等客观条件相似的人进行长达 25 年的跟踪调查。统计数据显示，3% 有清晰且长期目标的人，大都成了顶尖的成功人士；10% 有清晰但短期目标的人，大都成为不可或缺的专业人士；60% 目标模糊者，能安稳工作与生活，但没有特别成绩；27% 没有目标的人，经常失业，靠社会救济。可见，要想成为你想成为的那个人，你必须盯紧你的人生目标，并设法将它达成。

当然，目标（尤其是长远目标）要分步骤有计划地达成。谚语有云：“罗马不是一天建成的。”人生目标的达成不是一天两天的事情，需要我们付出长期、艰辛的努力。我们可以借助目标多杈树法（如图 3.3 所示），对目标进行分解，化整为零，将大目标变成一个个容易实现的小目标，然后再将它们各个击破，直至完成最终目标。

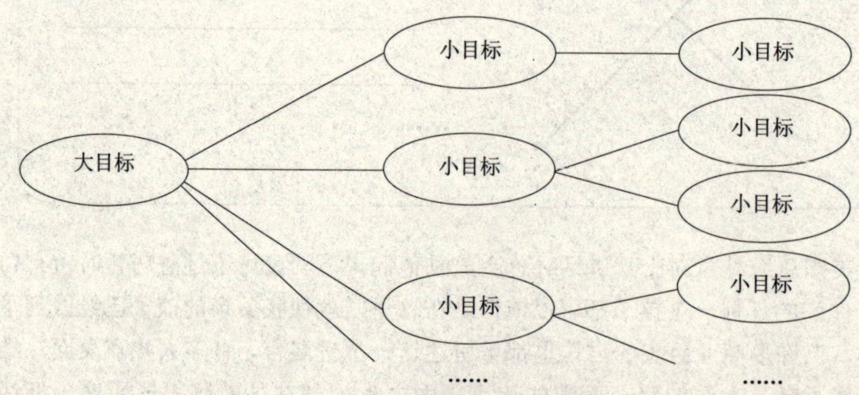

图 3.3　目标多杈树法示意图

目标多杈树法使用起来非常简单。首先，写下一个大目标，然后进行自我提问：实现该目标的条件是什么？列出实现目标的必要条件和充分条件。需要完成的这些条件，就是达成该目标之前必须首先达成的小目标。每一个小目标是大目标的树干。

接下来，再问自己：要实现这些小目标的条件是什么？列出达成每个小目标所有的必要条件和充分条件。这样，就找到了这些小目标（树干）的树枝。依此类推，直到画出所有的树杈，才算完成该目标的多杈树分解。每个目标都可以被描绘成一棵枝繁叶茂的大树。

你可以参考以下实例，来更深入、细致地了解和掌握目标多杈树法。

树根 1：写出你的目标

我的目标：成为营销主管。

树根 2：为什么要达成此目标

我要达成此目标是因为：

①我需要拿到更高的薪水来提高生活质量；

②完成目标将是对我这些年努力工作的一种肯定；

③我喜欢更有创造力的工作岗位；

④我要让同事对我刮目相看；

⑤我要完成从技术到管理的转变。

将最重要的理由写在最前面，遇到挫折想要放弃目标时，你可以看看当初写下的这些理由现在是否依然存在。如不存在，那你完全可以放弃，节省下大量的时间；如果仍然存在，那你就需要调整方法，或者对目标进行修正。

树根 3：你为什么可以达成此目标

我能达成此目标是因为：

①我想当营销主管的意愿非常强烈；

②老总和上司都很认可我的工作能力；

③家人和朋友都非常支持；

④我已经在读 MBA，具备一定的管理经验；

⑤平时与同事和上级部门的关系都还不错。

想要达到目标首先得说服自己：我一定可以达到这个目标。如果写不出可以达成目标的理由或者只能勉强写出 1 ～ 2 条的话，那将来实现这个目标时一定会有很多阻力。

树根 4：哪些个人、团体、组织对你达成这个目标有帮助

对我达成这个目标有帮助的人或其他：

①张总：他对我的了解和认可，是达成此目标的关键；

② MBA：它将调整我的知识结构，增加我对管理方面的了解；

③上级主管：他身上有我最需要的经验和技巧；

④客户群：可以成倍提升我的业绩，增加我在公司中的重要性；

⑤朋友：可以给我提供宝贵建议。

没有人能仅凭一己之力获取成功，当你写下谁可能对你达成这个目标有帮助的时候，你就会主动去吸取周围的人脉、社交、资源，而这些都是你的宝贵财富。

树根 5：这个目标要在多长时间内完成

这个目标要在多长时间内完成：两年内完成。

设置一个过长或者过短的目标都是没有意义的。目标时限过长，遇到的不可知因素太多。可以进行两次甚至多次分解。如果目标时限比较短，比如一周，那就没有必要使用“目标多杈树法”了（“目标多杈树法”适合于长于 1 年，短于 5 年的中长期目标）。

树干：写下实现目标的计划步骤

达成这个目标，我需要做哪些计划步骤：

①处理好与同事、主管部门、老总的关系；

②完成 MBA 学业；

③提升自己的专业技能；

④储备管理相关知识。

将随时都应该做的事情（处理好与同事、主管部门、老总的关系）和能在固定时间内完成的事情（完成 MBA 学业）先暂时搁置，把那些属于战略和规划性质的计划步骤（储备管理相关知识和提升自己的技术水平）进行再次细化。

树枝：在“月目标计划表”里写下打算如何完成计划步骤

具体的步骤实施：

2012 年 6 月 ~ 7 月：客户拜访技能提升；

2012 年 8 月 ~ 9 月：参加营销礼仪培训；

2012 年 10 月：产品演示技能提升；

2012 年 11 月 ~ 12 月：营销谈判技能提升；

2013 年 1 月：产品知识普及；

2013 年 2 月：贷款回收技能提升；

2013 年 3 月～4 月：巩固学过的知识，做好知识整理；

2013 年 5 月：学习人力资源管理；

2013 年 6 月：学习市场营销管理；

2013 年 7 月：学习客户关系管理；

2013 年 8～9 月：学习团队建设与绩效管理；

2013 年 10 月：贷款回收管理；

2013 年 11 月～12 月：参加 CPA 培训；

2014 年 1 月：考取 CPA 认证。

树杈：将月计划中的内容细化到每一周（以“客户拜访技能提升”为例）

2012 年 6 月第一周：购买客户拜访相关书籍进行学习；

2012 年 6 月第二周：________________；

2012 年 6 月第三周：________________；

2012 年 6 月第四周：________________；

2012 年 7 月第一周：归纳总结所学知识；

2012 年 7 月第二周：虚心向同事请教；

2012 年 7 月第三周：有意识增加客户拜访次数；

2012 年 7 月第四周：总结实战经验，发掘不足之处。

至此，一个完整的目标多杈树已经大功告成，呈现在你面前的就是唾手可得的胜利果实了。接下来你需要做的，就是按部就班地进行采摘了。

【韩老师有话说】

明确自己当下以及接下来应该做什么，这至关重要。凡事明确了才有力量，明确让我们不走回头路，明确让我们不走岔路，明确让我们不走弯路。有时我们缺的不是光明大道，而是尚未明确走哪一条路，只有明确，才会坚定。

3. 高效自我时间管理

时间既不能停止又不能保存。每一个成功者都非常珍惜自己的时间，因为他们知道：失去的时间无法找回，利用好时间就是赢得了最大的资本！

任何一个人，如果不能合理掌控自己的时间，那么他的一生也就不可能取得太大的成就。要知道，世界上最大的浪费，就是一个人将自己宝贵的时间无所谓地分散到许多不产生价值的事情上。而一个人的时间有限、精力有限，要想成为一名最有价值的员工，你必须学会如何进行自我时间管理。这一点，请你必须牢牢记住！下面着重介绍两种有效的时间管理方法，希望你能有所收获。

(1) ABC 控制法

每天所要做的事情中，有一些是最重要的，但可能仅占到少数，这些事情被称为 A 级任务；还有一些事情是次等重要，但是任务不多，这类事情可以被称为B级任务；其他数量很多的不重要的事情，则可被称为C级任务。从功能有效的达成角度来看，C级任务创造的成果比较低，次要任务成果一般，而重要任务的成果比较大，这就是ABC法则。

时间管理的ABC控制法，就是以事务的重要程度为依据，将待办的事项按照由重要到轻的顺序划分为A、B、C三个等级，然后按照事项的重要等级依次完成任务的做事方法，如图3.4所示。

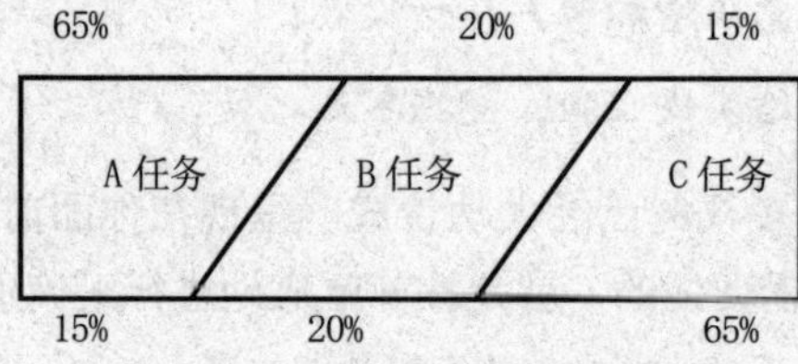

图3.4 ABC控制法

A任务：这类事情为“必须做的事”，是关键事务，比如管理性指导、约见重要客户，重要的限期临近，能带来领先优势甚至成功的机会等。

B任务：指“应该做的事”，是具有中等价值的事务。这类事务有助于提高个人或组织业绩，但不是关键性的。

C任务：指“可以去做的事”，相对前两类事情，是价值最低的一类事情。这类事情可以靠后，也可以授权或委托他人代办，甚至可以将其忽略。

对A类工作要进行重点管理；对B类工作要进行次重点管理；对C类工作

只须一般管理即可。这样做的好处就是在有限的时间里处理好最重要的工作。

每个人每天都在工作，但所做工作项目的重要程度不同，所以完成这些工作所取得的效果和影响当然也不同。科学地运用 ABC 控制法，可以使工作更轻松更有成效。

要想学会使用 ABC 时间管理法，可以按照以下步骤和原则进行：

◎ **划分事务级别**

根据事务的重要性来确定操作的优先顺序，针对每一项工作均做如下考量："完成这项任务是否对达成的长期目标或短期目标有助益？"对之做出准确判断之后，再据之确定事务的级别。每天工作事务的具体划分，如表 3.2 所示。

表 3.2　每天工作事务的具体划分

类型	简述	具体描述
A 类	规划与发展	A 类工作每天 1 ～ 3 件，所费时间占总工作时间的 60 ～ 80%
B 类	持续性项目	B 类工作每天 5 件以内，所费时间占总工作时间的 20 ～ 40%
C 类	日常性事务	C 类工作不是很迫切，择机完成，所费时间占总工作时间的 15%

◎ **各级事务的时间分配**

明确事务级别后，首先要全力以赴投入 A 类事务，直到完成或取得预期的效果后，再转入 B 类事务。如果不能完成 B 类事务，可以考虑授权。尽量少在 C 类事务上花时间。

需要注意的是，A 类事务虽然重要，但未必就要第一时间去做，而把其他事务全抛开。这是由时间收益来决定的。比如，你一天有很多工作，你的 A 类事务是拟一份报告，需要花大半天时间；同时，你还有 B 类事务和 C 类事务需要完成。此时，如果 C 类事务是一些可以委派给别人完成的小事，那么，在你开始起草报告之前，不如用几分钟时间将这些小事分配下去，被分配到任务的人相对地就会有更多的时间去完成了。也就是说，有些时候紧急的事务虽然不重要，但要优先处理。

ABC 控制法的优点在于，它剔除了我们完成每项任务时附带的个人情绪，可以让我们理清思路，知道优先做什么，重点在哪里，而不至于一味地按照自己的喜好来做事或者不知从何下手。

（2）"收集箱"法

人类与地球上其他动物的根本区别在于人类善于借助工具从事生产劳动。同理，高效的时间管理也可以借助一些实体工具来进行。

"收集箱"法就是借助实体时间管理工具对工作任务进行收集、排序、分类处理，以此来提高工作效率、节约时间的一种方法。用于时间管理的实体工具有很多，主要有5大类，如图3.5所示。

①纸张或记事本	②具体的工作篮	③电子邮箱
用来记录并张贴工作计划或注意事项于办公区域内，也可以用来做一些更系统的事情	包括标准的塑料篮、木制或金属编织篮。用于存放纸制资料，如文件、资料、发票、请柬等	即时沟通，收发邮件的常用工具，可以用来保留收到的信息和文件
④智能手机	⑤音频产品	⑥掌上电脑
智能手机支持便笺、行事历功能以及其他功能，可以更好地辅助你管理好时间	包括电话应答机、语音信箱、录音设备。用来临时储存你需要记录或处理的音频信息	用于个人信息的储存、应用和管理，可以用来看书、查字典、学习、记事

图3.5　时间管理实体工具

实体时间管理工具的功效非常明显，也被员工广泛认可，但是却不能被很好的利用。很多员工都不愿意使用实体时间管理工具来辅助自己工作，其中原因是多方面的。

首先，实体工具携带麻烦；实体时间管理工具都需要空间来容纳，携带它时，衣服口袋太小，用背包又觉得很麻烦。

其次，怕实体工具曝光；怕曝光有很多原因，比如觉得不好意思，或者怕被别人看做是假正经，或者怕被小偷盯上，怕别人知道后给自己造成压力等。

最后，环境不允许；有些客户根本就不允许你用录音设备，同时也没有足够的空间容纳体积稍大的实体工具，因此只能将这些东西存放于办公室。

很多人在使用实体时间管理工具的过程中会遇到许多的问题。表面上看起来，实体时间管理工具与很多人无缘。其实，只要你能做好以下工作，那么，工具的使用也就不是什么难事。

◎　减少实体工具数量

有些人喜欢用笔、纸，有些人喜欢用手机，有些人喜欢用掌上电脑，这都无可厚非，但是如果你既用笔、纸，又用手机，还用掌上电脑的话，那就犯了大忌。你应以精简和符合自身习惯为原则，根据自身情况选择合适的工具。

◎ **保证5秒钟内拿出工具**

使用工具就是为了节约时间，如果你在5秒钟之内还没办法取出你的工具，那你就需要考虑换一个工具。

◎ **定期清空这些工具**

不要在记事本上密密麻麻写满未尽事宜，工具只是一个暂存器，你应该每周回顾一下工具，把里面不用的、已经完成的、交给别人做的事项全部清除掉，用一个“崭新”的工具来迎接下周的到来。

◎ **设计自己的实体工具**

俗话说：“适合自己的才是最好的。”如果你很难适应一些工具的话，你也可以花点时间自己设计一款实体工具。在设计时需要考虑以下因素：

★ 尺寸大小（要放在口袋里？包里？）；

★ 需要的内容（要在上面写什么？实现什么功能？）；

★ 价格（需要花费多少钱？是否值得？）。

时间管理实体工具可以帮助你合理安排时间、宏观看待工作、方便归纳总结、快速提升工作效率，让你成为时间的主人。但是，工具是死的，人是活的，要想使工具发挥功效，首先你必须学会如何使用它。

只要你能够按照如下步骤来使用时间管理实体工具，相信你会很快看到工具所带来的好处并乐衷于使用它们。

收集：把任务从大脑里清理出来，形成待办列表；

整理：整理待办任务，分类任务；

组织：下一步行动、形成项目、等待处理、将来处理；

回顾：按日回顾、周回顾、月回顾来总结工作效果；

执行：立即执行（Do it）。

【韩老师有话说】

时间是珍贵的不可再生的资源，它没有弹性，找不到替代品，而且永远是不够用的。在成长的道路上，我们应当珍惜自己的时间，管理好自己的时间，用它为自己的职业生涯赢得最大的资本。

要点三

自利是指以有利于自己的修养；利他是指以有利于他人为目的的行为。佛教自称“修身的最终目的，是完成自利利他，人人成佛”。现代企业已将佛学中这个观点引入员工管理中，特指对自己、对同事都有好处的行为。

在很多知名企业中，他们将“是否将团队合作意识放在首位，是否能在一定程度上从他人的角度思考问题，以及是否能为同事的工作提供协助、资源或者机会”等，作为评选最有价值员工的重要标准。这条标准就是“职场自利利他精神”。

1. 团队合作的本质——互惠共赢

利他也是利己。利他不是绝对的，正如猴子家族成员“你帮我挠背，我帮你抓痒”一样，职场中的利他行为往往具有互惠性。

欣姿领导的部门有四个人，虽然平时都是各司其职，但其中有一名新人对企业环境和业务尚不熟悉，她负责的工作经常不能如期完成，不得不由其他三人通过加班来协助完成；如果被分派了一项比较大的、需要四人共同完成的任务，一人的不得力，就会导致其他三人的工作分摊得多一些。这便会增加其他人员的工作压力，领导也认为欣姿不会领导新人，团队绩效不能得到提高，欣姿的职业发展之路也势必受到影响。所以，部门中的三个人都想方设法帮助这名新同事尽快融入工作。因为只有她“上路”了，大家工作起来才不累；团队绩效上去了，大家的日子才会好过。

从心理学的角度来看，如果不能充分地调动他人的资源，自己很可能会陷入单打独斗的困境中。而职场自利利他精神却可以促进同事间进行自愿合作，这样一来，便能够更有效率地利用资源，同时也减少了不必要的资源抢夺。

高层次的职场自利利他精神不仅表现在办公室的一些小事上，更重要的是真诚地为他人创造有利的环境，帮助对方成功。**惟有这样的无私精神，才能赢得同事的信任，实现共赢的结果。**

之所以强调员工培养自利利他精神，多做自利利他行为，正因为它是以共赢为目标，是作为职业人的一种成熟思想与行为。

华为总裁任正非之所以能够成功，正是源自他的自利利他精神。

众所周知，华为作为全球领先的电信解决方案供应商，其宣扬的是“狼性文化”，而促使“狼群拼命觅食”的动力正是华为优厚的薪酬福利。

华为公司的价值分配形式包括：机会、职权、工资、奖金、安全退休金、医疗保障、股权、红利，以及其他人事待遇。高薪、年终奖的诱惑力自然不必多说，股权才是大头。

华为2009年的销售收入是1491亿元，净利润是183亿元。很难想象这么大公司的老总和创始人任正非只有1.42%的股份，而他的个人资产远远达不到富豪榜的资格。

可以想象，其追随者是怀着怎样的感恩之心在工作。难怪有一位刚进华为一年多的新员工会产生如此感慨：

“昨天上级领导与我沟通，告之我去年年终奖的数额，同时还有加工资的额度。太不可思议了，我真的没想到公司会给我们这么高的回报。对比自己的工作表现，我想我除了下决心加倍努力工作之外，还能做什么呢？”

华为公司职员多达9万名，每年离职的人却很少，在深圳这个人员流动很快的城市确实十分少见。正是因为任正非愿意和员工共同分享财富的蛋糕，才使得每个人都愿意死心踏地的去干好自己的工作，这是华为成功的一个重要内在原因。

要想培养自利利他的精神，做出自利利他的行为，就必须懂得“互惠才能共赢”这个道理，在工作中努力创造一个互惠共赢的工作局面，只有这样才能赢得同事和上司的一致认可。

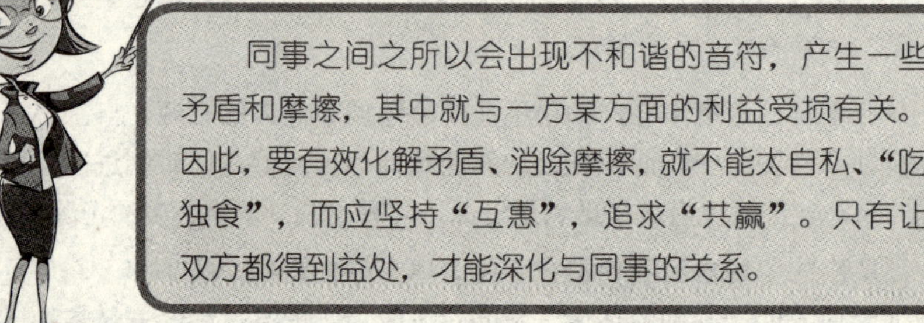

2. 同理心：想同事之所想

同理心是个心理学概念，是指体会他人的情绪和想法、理解他人的立场和感受，并站在他人角度思考和处理问题的能力。它与俗语“人同此心，心同此理”的寓意相似。

与同事相处，很多人总是立足于自我立场，考虑更多的是自己的利益和需要，却总是很少关心同事的需要，更别说用同理心来看待问题。这样就造成了工作中的障碍与沟通阻塞。

而具有同理心的人，总能够设身处地，将心比心地为他人着想；能够转换角色，换位思考，站在他人角度来思考和处理问题。这种思维方式可以帮助我们在与同事相处的过程中考虑到双方的共同价值与共同利益，满足共同的心理需要，从而使双方都能从交往中得到“实惠”。

初涉职场的郑敏，由于欠缺经验，工作中时常会遇到问题，虽然自己非常敬业，但总觉得力不从心。有一次，经理交代他草拟一份项目策划书。

鉴于这个项目的重要性，郑敏拟完策划书之后，原本想找一位资历较老、业务精湛的同事先帮自己把把关，可他不知道该找谁帮忙。

正当他犹豫不决之时，同事席伟拍了拍他的肩膀，热心地说：“工作效率挺高嘛！这么快就做完了！要不要我帮你参谋参谋？”就这么一句平常的话，让郑敏感到非常温暖。席伟认真地看完项目策划书之后，提出了一些合理建议，并与郑敏一同对策划书进行了修改与完善。结果，经理对这份策划书赞不绝口，直夸郑敏才华横溢；项目很快就上马了，为公司创造了很大的利润。

不久，席伟遇到了一件烦心事：客户对他的设计方案不满意，几番修改仍未获得通过。正当他愁眉苦脸之际，郑敏用自己所学的专业知识，很快帮他解决了这个难题。此后，郑敏与席伟成为了很要好的朋友。

无论何时何地，无论身处何种环境，那些具备一颗同理心、能想同事之所想的人，总能获得同事的好感，拥有良好的职场人际关系。汽车大王亨利·福特有一句至理名言：“如果成功有什么秘诀的话，那就是站在对方的立场来看问题，并满足对方的需要。”这句话实在是再简单、再浅显不过了，任何人都能一眼看出其中的道理，但我们绝大多数人总会忽略它。同事偶尔犯了一个错误，有人便会大加指责，甚至将问题上升到人格层面上；在某个问题上存在分歧时，有人便会恼羞成怒，斥责他人幼稚、无知……

一件很小的事情却让同事之间反目为仇，一个很平常的争议却让同事的关系出现裂痕，要想避免此类悲剧的发生，你得时刻怀揣一颗同理心，懂得换位思考。

（1）察言观色，收集对方信息

要体验对方感受，首先要学会察言观色，例如，通过观察对方的坐姿、站姿、服装、说话语气等，判断对方的情绪、态度，然后再把自己融入对方，体验对方的感受。

（2）将自己放在对方的位置上

如果我们面对某一问题时，仅从自己的角度去考虑而不顾对方的感受，往

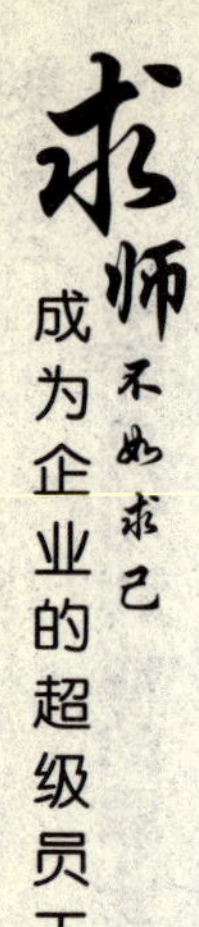

往会有失偏颇，甚至会做错事情，伤害到对方。相反，如果我们站在对方的角度看问题，将心比心，找到与对方的相似点，自然就能体验到对方的感受，从而理解他，告诉自己：他这样做，一定有他的道理。看看洛亚科的故事，你就会明白其中的道理了。

（3）试着让对方说出他自己的感受

有时，我们可以通过语言或行为，引导对方说出自己的真实感受，在这个基础上，你再认真剖析自己，将自己置于对方的立场上去考虑问题。

实战演练

换位思考的结果是实现“互惠共赢”，深刻的道理，往往是简单的；简单的道理，做到了就不简单。因此，我们需要通过训练来锻炼自己。

情景1：上班时，同事小孙愁眉苦脸，沮丧地呆坐着。与他初步交谈之后，他向你诉苦：“我最近好烦，业绩压力太大，而且……”

情景2：……

换位思考第一步：如果我是他，我需要的是什么？

____

换位思考第二步：如果我是他，我不希望的是什么？

____

换位思考第三步：如果我是对方，我的做法是什么？

____

换位思考第四步：我是在以对方期望的方式对他吗？

____

古拉得·力伊帕在《进入别人的内心世界》一书中写道：“把别人的感觉和观念与自己的感觉和观念置于相同的位置，并把它表现出来，这样谈话的气氛就会融洽起来。当你在听别人谈话时，要根据对方的意思来准备自己将要说的话，那样，由于你已理解和认同了他的观点，他也就会理解和认同你的观点。”

这也就是说，理解他人，就要做到用心地以对方所期望的方式来对他，而不是根据自己的想当然和一厢情愿来对对方。唯有如此，对方才会接纳你，认可你，与你和睦相处。与人相处如此，与同事相处亦是如此。

【韩老师有话说】

你能为他人着想，他人才会为你着想；你怎样对待别人，别人就怎样对待你。具备同理心的人在职场中更受欢迎，更容易获得他人信任，这种接纳与信任并非源自个人能力与专业技能，而是对人格、价值观、态度的认可与赞同。在这个基础上，同事之间的沟通才会顺畅，合作才能更为顺利。

3. 不要吝啬你的好意与帮助

帮助他人，其实也是在帮助自己。办公室中的好人缘，不仅能为我们每天的生活带来一个好心情，更能使我们事业成功的步伐极速加倍！同事之间的相处是不可避免的。事实上，我们每天都至少有八小时是与同事一起度过的。而身处职场，最忌讳的就是自私自利。

钱葵大学毕业参加工作之后，秉持“多一事不如少一事”的行为准则，认为只要完成自己的本职工作就行，没必要在意别人。因此，当有同事请她帮忙解答难题，或做件事时，钱葵总是千方百计地找借口予以拒绝。一天，钱葵在工作中也碰到了个大难题，本想请教上司，却又害怕留下能力不足的不良印象，只好硬着头皮向同事们请教。可忙活了一阵子，得到的答复全是“对不起，我无法帮你！”至此，钱葵才恍然大悟：早知今日，何必当初。

钱葵只知“只扫自家门前雪，不管他人瓦上霜”，只想做好自己的工作，却不愿意帮助同事，最终落得个“孤家寡人，无人相救”的下场。身处职场，我们应以此为鉴。不吝啬自己的好意与帮助，尽力协助同事，这样一来，你的举动会为你赢得良好声誉，增加同事和领导对你的好感。

那么，作为员工，该如何释放你的好意与帮助呢？下面提供的 5 个技巧值得借鉴。

（1）维护对方的自尊心。你尊重对方，对方也会尊重你。万事都要留有余地，不要说一些难听的或者对方不想听的话去刺激你的同事，把自己的快乐建立在他人的痛苦上。即便同事犯错了，我们也应给其找一个台阶下，这样你得到的回报也必然会增加。

（2）学会赞美他人。适当的赞美，会迅速拉近你与同事之间的距离，同事也会更加喜欢你，愿意与你相处，从而实现利益互惠。适当的赞美包括要赞美他的优点与长处，赞美他欣赏他自己的地方，赞美他希望你欣赏的地方。比如，他弄了一个新的发型，也许你并不觉得怎么样，但如果你能说一句："不错啊，今天换新发型了呢！"对他而言就是一句赞美，因为它至少相当于你在欣赏他的改变。当然适当的赞美并非一定是语言，有时一个眼神，一个手势或一个动作，也同样可以传递出赞美的好意。

（3）增加自己被利用的价值。被需要、被利用也是一种个人价值的体现。只要自己有"利用"价值，并能树立诚信的品牌，很多人就会注意到你，很乐意找你帮忙。要想标识自己的价值，你首先要有这份勇气，其次，努力扩充自己的知识并提高自己的能力。

（4）乐于与同事分享。不管是信息、金钱利益或工作机会，懂得分享的人，最终往往可以获得更多。只要是自己拥有的，都可以拿来与同事分享。更为重要的，就是与同事一起分享劳动成果与工作中的各种快乐，而非失败与痛苦。

（5）珍惜每一个帮助别人的机会，帮助别人就是在帮助自己。台湾地区花旗银行副总裁程耀辉一直秉持着这个信念，不管往来的人职位高低，他总是会尽力提供帮助，所以大家通常第一个想到的人就是他："有事找他就对了"，这正是程耀辉人脉竞争力最为突出的地方。

【韩老师有话说】

赠人玫瑰，手有余香。在同事需要的时候，我们应及时伸出援助之手。尝试多花些时间帮助同事，也许这会占用你的工作时间，可能会消耗你的精力，但也会让你整个职业生涯的发展受益匪浅。它不仅彰显了你乐善好施的美德，也能展现你的才华与能力。

要点四

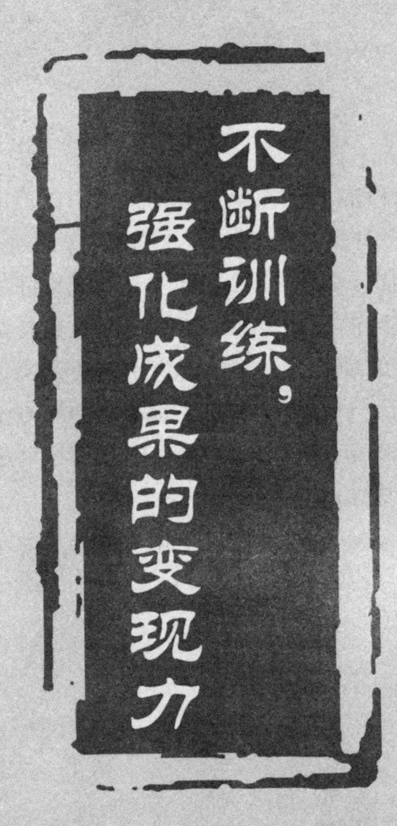

最有价值的员工懂得用成果来证明自己的价值，用成果来彰显自己的尊严。在工作中，他们关注的不是任务的完成，而是成果的创造。他们通常会订立一个成果性的目标，将自己置于没有退路的境地，然后施行自我检查与奖惩；他们秉持训练出成果的理念，勤学苦练，不断提升工作能力；他们敢于直面逆境，千方百计找寻破解难题的好方法；他们精通成果变现，能够借助固化的流程，确保将行动成功转化为实实在在的工作成果。

你想快速提升自己的价值吗？那就从现在开始，不断训练，强化自己的成果变现力吧！

1. 置之死地而后生

《孙子兵法》有云："投之亡地然后存，陷之死地然后生。"两军交战时，将己方士兵布置在无法退却、只有战死的境地，士兵就会奋勇前进，杀敌取胜。同样，在工作中，将自己置于没有回旋的余地、没有任何退路的境地，往往能将自己的潜能激发出来。

（1）制订"SMART"的硬性目标

要想激励自己奋勇前行，先要制订"SMART"的硬性目标，这至关重要。因为工作目标最终能否实现，不但取决于后期的执行，而且还取决于先期制订目标时能否坚持按照 SMART 法则进行。

◎ S（Specific）：要明确。强调目标要具体表述，不能宽泛定义。

所谓明确就是要用具体的语言清楚地说明要达成的目标。切忌含糊不清、模棱两可。例如，"开源节流"这一目标就很不明确。开源节流有很多种做法，到底指哪一块？不明确就无法评判、衡量。

◎ M（Measurable）：可度量。强调目标应当是可用数字衡量的。

"5 分钟之内打印好这份演讲稿，并装订好，之后送达经理办公室"。这样的目标是可度量的，它完整地包含了 3 个可度量的要素：时量、数量与质量。在执行时，就能够按时、保质、保量地完成。

◎ A（Actionable）：可实现。强调目标的难宜度要适宜，可以实现。

达成目标的难度太大，甚至根本无法完成，这样的目标就是不适宜的。作为员工，我们在制订工作目标时，一定要保持清醒的头脑，切忌浮夸、吹牛皮、大跃进。

◎ R（Realistic）：结果导向。强调目标应注重结果而非完成过程。

目标应自成体系，以结果为导向。当前这个目标必须和其他目标具有相关性。也就是说，一切努力都是为了一个结果，而不是为了行动。只关注过程而不关注结果是制订目标中最常犯的错误。

◎ T（Time-based）：时间限定。强调目标应当有明确的时间限制。

给目标设定一个达成的最后期限，这样才能督促自己更加积极地投入，确保顺利完成任务。

假如没有给我们的工作目标设定完成的时限，我们就总会找各种理由拖延下去！

（2）公众承诺，不留退路

把自己以及自己带领的团队逼上一个绝境，背水一战，不留任何退路，这是我的行事风格。我始终认为：不留退路，才有出路。

集团公司每个季度都会举行一次由各个分公司老总参加的集体会议。在会上，各位老总都会订立自己的季度销售额，并在会议上进行公众承诺。就像宣誓一样，向广大同仁表达自己的决心，签下坚决完成任务的“生死状”。

在西安分公司，我也这样要求市场部的广大同仁。每一位业务员都必须定下自己的业绩，在本部门所有同仁面前宣誓，许下“不达目标不罢休”的承诺。

多少次在压力面前，我感觉心灰意冷；多少次在困难面前，我决心低下头来；多少次在痛苦面前，我都想过放弃。但当我想到自己在公众面前许下的承诺，想到自己已经无路可退时，我都坚持了下来。

很多次，看到业务员的业绩还远不能达标时，我总会找他们来商量：“你准备怎么办？还能不能办到？不行的话，找个更好的解决办法。”而他们的回答却是：“韩总，你一定要给我信心，要相信我一定能完成这个业务指标。”

在我看来，工作目标订立之后，公众承诺，不留后路，这是激发自己潜能，誓死达成目标的最佳方法。

（3）定期检查，有赏有罚

定期（每周、每月、每个季度）检查目标的达成情况，这非常重要。

在目标的执行过程中实行自我检查、自我控制，一方面可以发现目标执行过程中的偏差，还能为自己完成目标提供动力支撑。

我们应当随时问自己：我要到哪里？我现在在哪里？我现在的速度能否到达？这些问题有助于我们审视自己既定的目标，检查自己的工作进度，并确定自己接下来该怎么做，该采取哪些补救措施。

我们可以参照表 3.3 设计一个更适合自己的目标追踪卡，在目标追踪卡中应罗列达成整体目标的各项工作，工作内容，各项工作必须达成的目标。当然，最重要的是要标示出各小目标的完成期限及预计进度。

表 3.3 目标追踪卡

填表日期：

<table>
<tr><td rowspan="6">目标</td><td>工作次序</td><td>工作内容</td><td>目标</td><td>期限</td><td>预定进度（%）</td></tr>
<tr><td>1.</td><td></td><td></td><td></td><td></td></tr>
<tr><td>2.</td><td></td><td></td><td></td><td></td></tr>
<tr><td>3.</td><td></td><td></td><td></td><td></td></tr>
<tr><td>4.</td><td></td><td></td><td></td><td></td></tr>
<tr><td>5.</td><td></td><td></td><td></td><td></td></tr>
<tr><td colspan="2">奖罚规定</td><td colspan="4"></td></tr>
<tr><td colspan="2">成果分析</td><td colspan="4"></td></tr>
<tr><td colspan="3">检查官：</td><td colspan="3">执行人：</td></tr>
</table>

设置奖罚规定是为了更好地激励自己落实行动，达成目标。**奖励措施应赏心悦目，包含荣誉与物质的激励；惩罚措施应触目惊心，体现出对达不成目标的严厉惩处。**当然，为了强化成果意识，整体目标达成之后，应进行必要的成果分析，总结经验，继往开来。

最为重要的是，整个的检查过程中都应设立一个检查官，可以是自己的直接领导或上级，检查官的职责是负责监督整个目标的执行状况，核实惩罚规定的落实情况，起到监察、督促的作用。

【韩老师有话说】

很多的事情不是没有做成，而是我们太早放弃了；很多事情不是没有想到，而是我们不够坚定。如果我们能够明确自己每个阶段要达成的目标（成长、学习、成果），定下期限，公开承诺，不留退路，那就没有我们办不成的事。

2. 训练＝成果

“宝剑锋从磨砺出，梅花香自苦寒来。”成就的获得来自刻苦的训练，没有谁能轻易成功。

姚明作为NBA鲜有的华人球星，是大多数世界华人的偶像。与其他NBA球员相比，姚明身体条件偏差，在弹跳、肌肉方面根本没法与西方人比。但姚明认为勤能补拙。每次训练前，他都要进行一个小时的体能训练。负责给他们洗衣服、洗鞋子的师傅说：“姚明训练可真刻苦啊。大冬天，鞋子里出的汗都能倒出水来。”

京剧大师梅兰芳小时候口吃，连说话都不利索。为了弥补这一自身缺陷，他坚持每天早上含沙练唱，凭借顽强的毅力，最终改掉了口吃的毛病，成为了一位闻名中外的艺术大师。

此类鲜活事例举不胜举，无一不证明了训练的重要性。此外，心理学家的研究亦表明，**人的能力不是天生不变的，是可以通过训练来强化与提高的：**心理学家曾对（小学生）观察能力的培养做过试验，结果证明，经过一年培养，实验班学生的观察能力有了显著提高，能观察较多的东西，他们的观察数量由原来的37%增加到64%，而普通班有70%的学生仍然停留在原来的水平。

由此可见，在工作中，我们可以用勤奋来弥补自身的笨拙，用训练来提升我们的工作能力。

（1）学以致用

勤学苦练是训练的核心内容。它包含两方面的内容：勤奋学习与刻苦训练。

书是人类进步的阶梯，读书是我们学习的最佳方式。台湾学者高希均曾经提出“新读书主义”的口号：“自己再累也要看书，工作再忙也要读书，收入再少也要买书，住处再挤也要藏书，交情再浅也要送书。”我们可以用它激励自己给自己充电，培养一种对阅读的积极态度，养成长期不忘阅读的好习惯。

学习讲究学以致用，读书应读那些对自己有用处、帮助大的书籍。制作一张列表，在上面罗列出你要读的书的清单。每天，你在任何角落里都要能看到这份清单，比如，你的日志中、你的记事簿上、你的个人主页上……而且，这份清单要保持动态，当你从别人那里或者网上发现了一本好书，那你就马上把它加入到清单中；如果那本书你已经读过了，就将书名从中划掉。

（2）注重实效

培训是训练的最佳平台。每个公司每年都会组织员工参加各种培训，旨在提高员工基本素质及专业技能。可对于这些培训，很多员工都不愿意参加。即便参加了也是消极怠慢，走走过场，没有学到任何东西。这不仅浪费时间，也不利于自身工作能力的提高。

以销售人员的口才训练为例，其实相关的培训都是很有针对性的，在课程上，既有相关知识的普及，也会有一些系统性的训练项目。可很多销售人员在课堂上却什么也没学到，这是为什么呢？原因在于，他们只是被动地参与，而没有真正地投入进去。要想真正地投入进去，应做好以下工作。

在听课的时候应养成做笔记的好习惯。笔记可以是有顺序的纪录要点，也可以是画出内容之间的关联。这样做的目的只有一个：加深自己对课程的体验，作为以后复习的依据。听课时要积极思考。如果你能积极思考培训师的思维方式、主讲内容，看它们是否对你的学习和工作有启示，那么，你就可以获得更多的精神财富。要积极参与互动环节，这是训练自己的绝佳机会，千万不能错过。不管是口才训练还是体能训练，都要全身心地投入进去。

培训结束之后，应与同事交换意见，并且写点培训心得，比如在本专业技术领域你可以做些什么事情？意义何在？可行性如何？价值体现在哪些方面？等等。最重要的是，在听完培训课后，还应将课堂上的系统训练坚持下去，形成良好的习惯。

（3）持之以恒

成功其实很简单，就是将一件简单的事情持续进行下去。坚持训练下去，天天月月年年坚持训练下去……我们总是羡慕别人的“毅力”，可别忘了传说中的毅力正是源于平凡的习惯。

“持之以恒，金石可镂。”任何有实效的训练如果没有恒心坚持下去，那么最终都将沦为过眼烟云，不会对我们的能力提升起到多大的推动作用。而如果我们选定了一个好的训练方法，并坚持下去，就会看到惊人的变化。拿破仑说：“胜利将被最有耐力的人获得。”愿每一个通过训练来提升自己工作能力的人都能够坚持训练下去。胜利必将属于你！

【韩老师有话说】

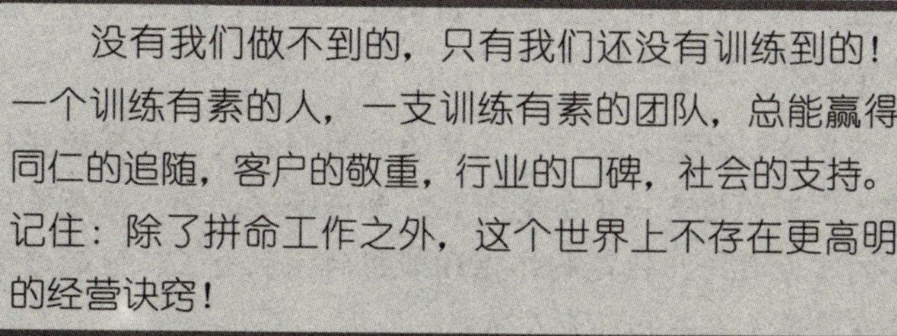

3. 直面逆境，寻找破解难题的好方法

不经历风吹雨打，就不会有秋实的成熟；不经历刺骨的寒风，就不会有松柏的坚韧。松下幸之助曾说过："逆境给人宝贵的磨炼机会。只有经得起环境考验的人，才能算是真正的强者。自古以来的伟人，大多是抱着不屈不挠的精神，从逆境中挣扎奋斗过来的。"在逆境中，一味地怨天尤人是毫无助益的，我们应直面逆境，寻找克服困难的途径与方法。

老鹰是世界上寿命最长的鸟，它可以奇迹般地活到70岁，超过这世界上绝大多数的动物。有一部分的鹰，却在40岁的时候就会死亡，只有大约三分之一的老鹰可以活到70岁的高龄，这是为什么呢？

原来，当一只鹰活到40岁左右的时候，它的啄会变得弯曲、脆弱，不能一击而制服猎物，它的爪子，会因为常年捕食而变钝，不能抓起奔跑的兔子；双翅的羽毛也会变得粗大繁重，不能自由翱翔。这个时候，鹰有两个选择：一是回到巢穴，静静等死；二是通过150天的漫长煎熬，获得重生。

如果一只鹰，选择了重生，那么它必须很努力地飞到山崖顶端，在那里筑巢，停留在那里不得飞翔。之后，它要经历一连串的蜕变：忍着饥饿和痛苦，在岩石上日复一日的敲打它的啄，直到脱落；等新啄长出来之后，老鹰必须用新啄将磨钝的爪子一个个拔出，直至长出新的锋利的爪子；将它那些粗壮而沉重的羽毛，从翅膀上一根根地拔掉，以便长出新的羽毛。在整个蜕变过程中，老鹰会鲜血直流，疼痛异常。

在经历这150天的痛苦蜕变之后，老鹰便可重获30年的新生，再次翱翔于天空。

鹰的重生精神是值得我们学习和借鉴的。我们不应像那些不愿重生的鹰一样，不敢正视生活中的逆境与磨难，在生命的长河里一无所成，慢慢逝去。我们应像那重生的鹰一样，不甘沉沦，越挫越勇，用生命重新点燃生活的激情。

我们都曾经历过风雨，我们也曾看到有人在风雨中跌倒，从此再也没有站起来过。但我们也依然坚信，如果就此沉沦，生命注定平庸，如果能在泥泞中重新站起来，生命注定辉煌。

外界公认的花花公子、阔绰的电影制片人、典型的强迫性精神症患者，霍华德·休斯的传奇一生备受争议。无可争议的是，他是美国少有几个享有世界声誉的富豪之一，他是胸怀飞翔梦想的飞机大王，他的名字就像华盛顿、林肯一样在美国无人不知，无人不晓。

第二次世界大战之后，霍华德·休斯遭遇了人生最大的挑战——来自竞争对手泛美航空的打压与并购。泛美航空总裁汪·特利普联合参议员普留斯塔首先发动攻势，向参众两院提出共同体航线法案，目的就是要让泛美垄断所有的国际航线。

1947年2月1日早晨，霍华德·休斯收到非强制性传票，要求出席参院特别调查委员会的问询。普留斯塔委员长以此为要挟，建议霍华德·休斯旗下的TWA（环球航空公司）和泛美航空公司合并。

当时，霍华德·休斯的处境异常艰难。对内，战后军方所有的订单已经取消，花费巨资投入的水上大飞机云鹤杉项目资金极为欠缺，霍华德·休斯不得不抵押公司固定资产向银行贷款。对外，竞争对手的无情打压与狡诈手段，使他深陷身败名裂（面临诈骗国家财产、发国难财、贿赂公职人员等多项指控）的危机之中。

霍华德·休斯的心理压力骤增，他将自己关在“无菌室”内。在逆境之中，他并没有屈服，也不可能被打败。他决定开始反击——突破口就是打败普留斯塔。

在两位得力战友（一位是因揭发丑闻而引人注目的新闻记者杰克·安德生，一位是《洛杉矶观察家报》的发行人威廉·哈斯特）的帮助下，霍华德·休斯在舆论战中开始扭转颓势，普留斯塔的各种不光彩的事迹被揭露出来，人们戏称他为“泛美参议员”。

决定生死的时刻到了，霍华德·休斯如同神话中死而复活的英雄一般，在1500名新闻记者、摄影记者和电影人员的聚焦下，在公听会上舌战普留斯塔委员长。他神采飞扬，举止优雅，不仅有力驳斥了普留斯塔对他诈骗国家财产、发国难财的指控，而且还举证揭发了普留斯塔与泛美航空的总裁汪·特利普狼狈为奸，以不正当手段打压对手，企图垄断美国国际航线，以及收受贿赂等罪行。

霍华德·休斯胜利了，反击一举成功，大获全胜。针对他的各项指控被撤销了，共同体航线法案被搁置下来了，参众两院决议对泛美航空的经营实况展开调查。而普留斯塔所要面对的却是一系列的官场失意——州长与总统选举的接连败选。

现代心理学的研究表明，在困难面前，积极想办法的态度会激发我们的潜在智慧。**那些成功人士在遇到问题的时候，非常注意动脑筋、想办法，他们相信“天无绝人之路”**。而那些所谓“无路可走”的人，往往是不肯用心来寻找出路的人。

在工作中，我们经常会听到这样的抱怨：“确实是没办法！”“真的是一点办法也没有！”设想一下，如果你的上司向你下达一个任务，或者你的同事、客户向你提出某个请求时，你用“没办法”来搪塞对方，他们怎能不对你失望呢？

也许一句“没办法”，就可以为你推卸责任找到了最好的理由。然而，也正是这句“没办法”，浇灭了你头脑中很多创造的火花。

是真的没有办法吗？还是我们压根就没有好好开动脑筋想办法呢？

当我们抱怨自己不够聪明，缺少创意，面对问题感觉总是无计可施之时，我们应该向自己确认一下：我是否已经开动脑筋了？

个人智力的提高是一个渐进的过程。只要你能够战胜畏惧心理，并下决心去努力，你就能够为解决问题找到越来越多的方法。所以，全力开动你的脑筋吧，别让自己的大脑生了锈！

【韩老师有话说】

人这一生障碍很多，像一堵墙总是堵住我们的去路，有时我们需要使尽全力推到他，有时我们需要找一个突破点洞穿它，有时我们则要借助一根绳索去攀登它，有时你需要不怕走弯路绕开它，总之这堵墙并非不可逾越，逾越它让生命爆发潜力，彰显价值，丰富智慧，升华意义。

4. 成果变现：将付出成功转变为产出

行动要以成果为导向，只有这样，你才可能取得成果。但是仅仅这样还不够，你还要落实成果变现。何谓成果变现呢？就是借助固化的流程，确保你的行动成功转化为实实在在的工作成果，甚至是可见的、可以量化的工作报酬。下面我们先来看一个案例。

重庆某生物制药公司销售经理田虎接到一项紧急任务：“四川省儿童医院急需 10 箱公司研制生产的 ×× 型儿童用抗炎药物，请立即做好送货准备，希望 ×× 时之前送达！”

任务已经明确，时间也非常紧迫，容不得半点马虎，绝不允许出现任何纰漏，该怎么保证圆满完成任务呢？

销售经理田虎放下电话，第一件事就是把他的得力助手苏志叫来。苏志的工作能力很强，没一会的工夫，一份详细的送货计划已经完成。之后，田虎马上召集精兵强将，召开紧急会议，指示所有的工作都必须在 1 小时内完成。他强调：“各位听清楚了，大家按计划行事，1 小时之内，我希望这事能按时、保质、保量地完成！”

1小时后，田虎接到公司领导电话："药物已经安全送达，医院方面对此非常满意。鉴于你们的出色表现,这个月销售部员工的绩效奖金提高1个百分点。"

仅仅用1个小时，要完成此项任务，以当时的实际情况来说，是一个极大的考验。那么，田虎所带领的团队是如何做到的呢?

此次送货任务之所以能够得到圆满完成，销售部员工的绩效奖金之所以能够提高,成功之处就在于田虎能够按照成果变现的执行流程(如图3.6所示)做事，在很短的时间内制定了一份详细的送货计划，并且在计划执行的过程中做好沟通工作，严把检查关，确保执行过程无差错。

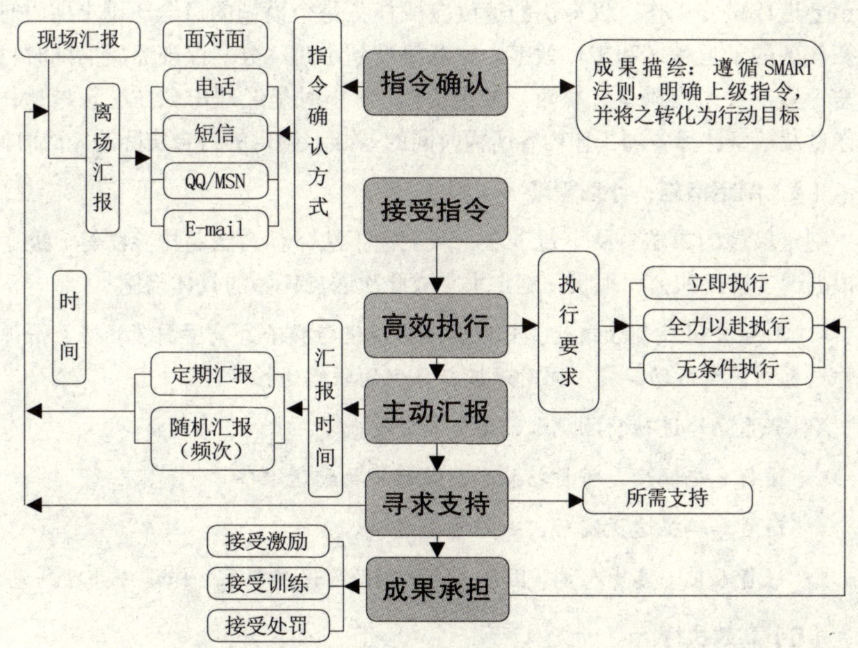

图3.6 成果变现执行流程

下面，我们就来看看田虎具体是如何做的。

(1)明确执行人与检查人及其相关责任

分工明确，工作才能有条不紊。销售部是责任承担者，直接责任人与检查人是销售经理，参与工作的其他成员也付有相关责任。必须严格以公司规章制度来权衡各自责任大小。

仓库协助进行配货工作。成都分销处负责协助医院接货并处理好后续验货、签单等一系列工作。具体送货任务交由送货人员来执行。各项工作的执行和完成地点都很明确：配货——仓库；送货——送货全路程；卸货、接货——医院；协调——销售部。

（2）准确的成果描绘

此次任务的目标非常明确：以最快的速度为四川省 ×× 医院提供 10 箱公司研制生产的 ×× 型儿童用抗炎药物。理由也是毋容置疑的：按时、保质、保量完成领导交办的送货任务。

（3）明确变现的期限：时间管理

没有期限的成果会造成滞后变现，或造成在最后才着急变现而影响品质，甚至会造成重复工作。以最快的速度完成任务是个模糊的概念。设定期限时应权衡任务的紧迫程度和工作效率，注意精准到小时、分，保证品质的同时也要注意速度，并亲自确认、核对，杜绝借口。1 小时是经理田虎在综合考量任务工作量及精确计算各项工作内容所需时间的基础上确定的符合实际的完成时间。

（4）制定措施：计划管理

制定措施的方法有从下往上法、从上往下法、脑力激荡排除法等。助手苏志根据现实情况和公司现状，制定了完成此次送货任务的具体措施。

◎ 联系公司成都分销处，督促其与医院进行接洽，商量接货地点，并派出工作人员到医院协助接货。同时保证与总部的联络通畅。

◎ 联系仓库进行货物调配，备好所需货物。

◎ 进行车辆调度，将货物装车，做好货物配送准备。

◎ 送货车辆抵达医院后，做好货物交接。

◎ 送货人员、接货人员、医院、销售部始终保持联系，保证任务顺利完成。

（5）高效执行

首先，确定各项工作的优先顺序，找出解决问题的重点对策。确保前一地点工作的顺利完成，下一环节的工作才能连续展开。各项工作的优先顺序是：配货——送货——卸货、接货。这是一个完整的货物配送流程，其中的任何环节都不能有差错，这都是解决送货问题的关键点。

其次，明确各项行动如何进行及进行的顺序步骤。仓库——仓管人员——配货，成渝高速公路——车队——送货，医院——成都分销处——卸货、接货，这 3 条线完成了各项工作的无缝衔接，同时也标明了各项行动的落实方法以及先后顺序，是有计划有步骤的有效执行链。

（6）主动汇报

汇报的方式多种多样，主要有访问、面对面、电话、短信、传真、QQ 等。具体工作任务的执行者需要定期或随机向上级汇报工作进展情况，以便上级统筹安排各项工作。助手苏志制定的工作执行计划中要求各部门、各工作地点始终保持与总部的联络畅通正是出于对及时汇报这个要求的认真考量。

简而言之，借助成果变现执行流程进行工作任务的统筹安排，制订清晰有效的实施计划，才能保证顺利、快速地完成任务，才能将成果变现成实实在在的回报。

【韩老师有话说】

一次没有成果的行动，是无效的；一次没有成果的付出，是没有价值的。而一次与目标背道而驰的结果，则是具有破坏性和毁灭性的，它会毁掉我们的清誉。只有对所做事情的成果负责，懂得成果变现，才能确保每一次任务、每一个行动，都具有实际效用和价值！

要点

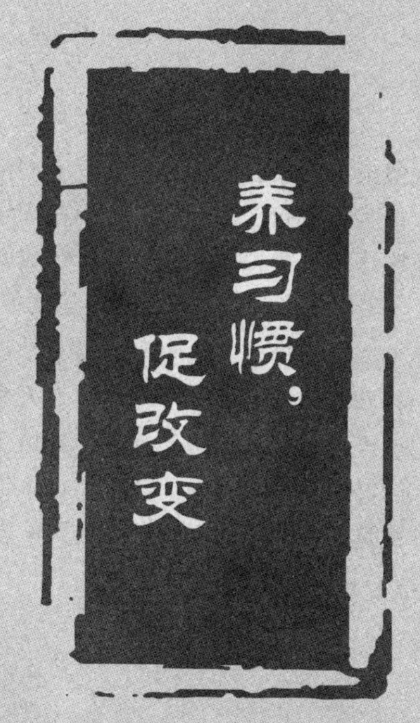

最有价值员工的核心竞争力在于，他们拥有良好的工作习惯。人人都有积极向上的意愿，都想在职场中崭露头角，可往往事与愿违，觉得力不从心。是什么成就了最有价值的员工？是什么阻碍了平庸员工的进步？答案很简单，是习惯！

就拿行事拖拉这种坏习惯来说，很多工作效率低下的问题都可以归咎到这种坏习惯上，虽然很多人都知道这种习惯不好，可它已经由思想固化为了行动，深植于人们体内，使得很少有人能够成功地改掉它。其实，行事拖拉等坏习惯并非是不可逾越的鸿沟。只要我们转变思想，一步步改变自己，就能够成功。

1. 跳出思维定势的怪圈

坏习惯的养成，往往是我们思维定势造成的恶果。人一旦形成了思维定势，就会习惯性地顺着定向的思维模式去思考问题，处理问题。久而久之，**他的思维成为一种习惯，他的行事方式也成为了一种习惯**。他觉得自己的想法是对的，他的做法没有任何不妥，他不愿、不想也很难改变，进而形成一种顽疾。

“思维定势害死人”，这句流行语说得既无奈又真实，我们一方面是心理定势的受害者（所有坏习惯的养成都是一个个鲜活的典型事例），另一方面也常常用心理定势误解别人。思维定势时常会造成认识上的偏差与误解。因此，我们有必要对它产生的心理机制进行剖析。

我们的心智模式通常是一种简化了的假设，是一种跳跃式的推论，如图 3.7 所示。

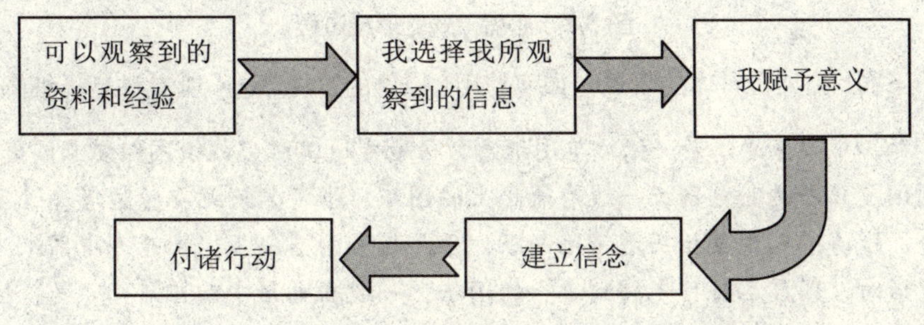

图 3.7　心智模式的形成过程

在建立信念这一环节中，我们多数的信念是自创和未经检验的，我们信奉这些信念是因为它们以固有结论（根据我们的所见和过去经历推断出来的）为基础。我们直接从观察到的事情转移到概括性的论断，由于这些论断不都是事实，常常隐含我们固有的、未经检验的信念，有碍我们的认知，可能会使我们陷入困境，因此我们必须检视、反思自己的心智模式。而“推论的阶梯”（如图 3.8 所示）正是理解我们的心智模式形成过程的工具，借助它，我们能够反思在工作过程中出现的错误，避免思维定势带给我们错误的认知。

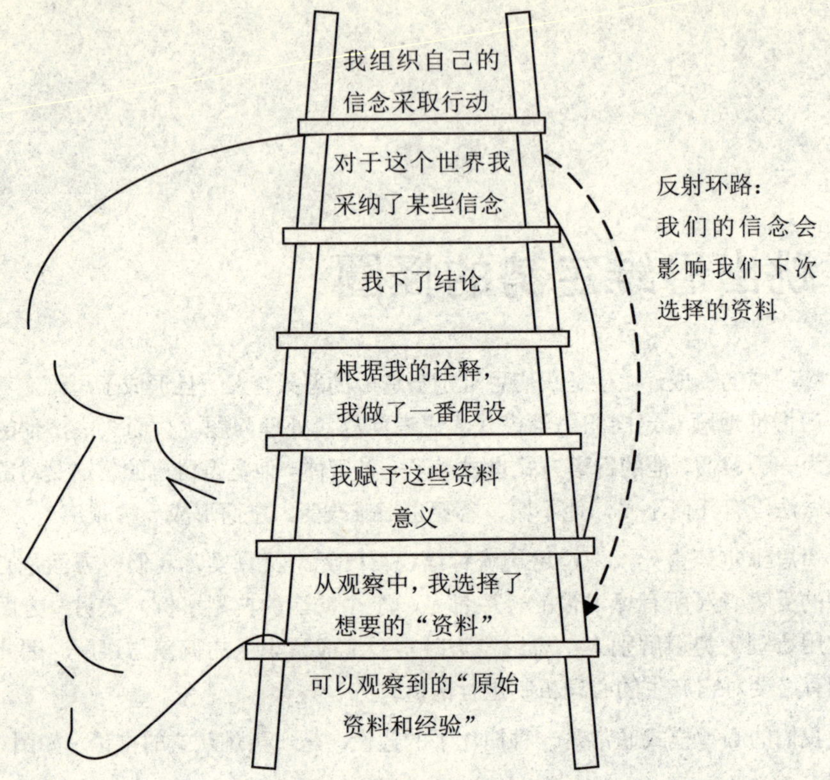

图 3.8　心智模式的形成过程

下面，我结合具体的事例对如何使用“推论的阶梯”这一工具进行详细阐述。

加工中心张涛拿着一张订单图纸急匆匆地走进工程部找绘图组组长国厦时，看到国厦正一边打电话，一边看着桌上的图纸，张涛只好站在旁边等。过了好一会，张涛感到国厦抬头看了他一眼，于是赶紧向前一步，摊开手中图纸。刚想说话时，国厦已将目光转到桌上的图纸，一边在电话中回应着：“是，把框改小为……”好不容易等国厦放下电话，张涛急忙把手中的图纸放到桌面上，说：“组长，你看这……”话未说完，他感到国厦将目光往上移了一下，同时用手指了下桌上的文件夹，继续看他刚才通过电话修改的图纸。张涛望着国厦那副拒人于千里之外的神情，心里焦急不堪，因为工场正等着他的询问回复呢！而这时，国厦已拿起刚才修改的图纸往身后边走边叫：“小李，快！马上按最新标数修改……”

张涛望着远处正和小李愉快交谈的国厦，心里很不是滋味！组长以前可不是这样的，今天居然看了我两眼连招呼都不打一个，这明摆着就是不欢迎嘛！张涛心里突然想起：不会是因为前天的事吧？前天因图纸的事导致他挨批！接着又想起刚才他看自己的两次眼神，竟然和前天他挨批后瞪自己的眼神是如此相似，想到这，张涛气鼓鼓地一把抓起刚才摊开的图纸，心里已有了决定：既然你这么小心眼，反正这份图纸你已审核过，出了问题也是你的责任。

当张涛踏出工程部的那刻，他已经做出了跳跃式的推论，下面我们不妨一起，用“推论阶梯”来剖析张涛思维的变化（如图 3.9 所示）。

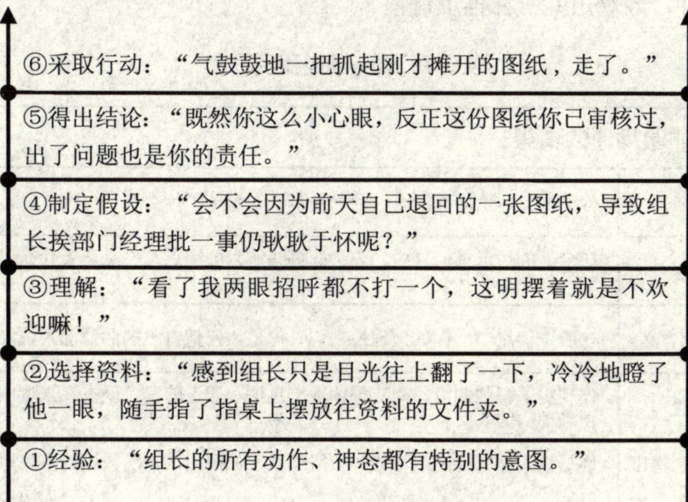

图 3.9　张涛大脑推理过程剖析

从张涛带着图纸踏进工程部，到最后负气带着图纸踏出工程部，整个过程的发展看起来是何等合情合理，无论是谁站在张涛这个角色上，相信故事还会重演！而此中，大家也不难发现：张涛在爬上“推论阶梯”的过程中，只有阶梯的底部和顶部，即张涛所观察到的资料和他所采取的行动这两部分，是局外人所能看到的，而在阶梯当中最复杂、最漫长且影响着最终决定部分则是在没有受到任何人质疑的情况下，就在张涛脑海中完成了，外在无法透视他思维的变化而做出适时提醒：“张涛，其实组长是在赶一套客户的特大模架，怕再出错，不敢有丝毫疏忽，所以……”于是，张涛越是相信组长是个小心眼的人，“推论阶梯”的反射环路就会使得他越注意组长将来的不良表现。

事情发展到此还没有结束，张涛莫名其妙的敌意行为，对组长也有可能产生一个对应的反射环路，从而使组长也跳上“推论阶梯”。

案例看起来好象蛮戏剧化的，但却在我们的现实生活与工作中时常发生。例如小刘被主管训斥，他主观认为是小张出卖了自己，于是他千方百计地搬弄是非，到处说小张的坏话，这是小刘的主观臆断与沟通不畅，爬上了“推论阶梯”，进而做出了偏激的行为。

跳跃式的推论对我们的日常生活与工作造成了很大的障碍，我们该如何改善呢？

我们这里提供了以下两条途径来进行化解。

途径 1：自我反思，使自己的思考和推理更加清晰明确

张涛应学会自我反思：利用表 3.4 明确和检验自己的假设和信念，就此次误沟通事件，勾勒出其阶梯推理过程。

表 3.4 误沟通自我反思表

简要描述误沟通的情景：	
信息（体验）	你的所见、所闻和所感，回顾往事，你漏掉了什么？
选择信息	在全部的可选择信息中，你选择哪些作为关键点？你是基于什么进行选择的？你漏掉了什么？
理解并添加含义	在所选信息中，你如何理解它们？你是如何把自己的曲解加入该经验中的？
制定假设	你制定了哪些假设，是有规律地制定这些假设的吗？现在看来哪些假设是无正当理由的？
基于你的信念得出的结论	你是基于什么得出结论的？一般而言，你得出结论所依据的基本原则是什么？
根据结论采取行动	你能够回顾自己的推论过程吗？你在哪儿偏离了轨道？

途径 2：把自己的思考和推理明确的告知对方，探究对方的思考和推理

如果张涛在爬上“推理阶梯”前，能够清楚了解“跳跃式推论”心智模式的形成的话，他可以把自己的思考和推理更明确地告知对方，不过在表述上要得当，不妨这样来求证一下：

小张：“组长，你现在是不是很忙呀？”

组长：“小张，不好意思，我正在处理一个特急单，稍等一下好吗？”

这样，故事发展的结局可能就截然不同了。

现在，我们回过头来想一想：一个人之所以畏首畏尾，是不是因为他错误地认为畏畏缩缩、犹豫不决往往能起到自我保护的作用，进而爬上了“推理阶梯”？一个人之所以阳奉阴违，是不是因为他错误地认为心口不一、文过饰非能给他带来切实的好处，进而爬上了“推理阶梯”？一个人之所以恃才傲物，是不是因为他长期接触到一些技不如己之人，自恃没人能比得上他，进而爬上了“推理阶梯”？一个人之所以工作只为赚钱，是不是因为他打心底里觉得金钱比什么都重要，进而爬上了“推理阶梯”？

任何一种《陋习自诊篇》中所归纳的职场典型陋习，都可以通过“推理阶梯”找到其产生的根源。而一旦这种错误的心智模式被打破之后，人往往都能够转变自己的思维模式，从思想认知层面开始，推广到行为实践层面上，彻底改掉妨碍自己的坏习惯。

【韩老师有话说】

想法决定活法！任何成功最初就是一个想法，任何失败最初也是一个想法。意念决定行为！任何好习惯最初就是一种意念，任何坏习惯最初也是一种意念。只有从思想上彻底转变，坏习惯才能消失得无影无踪。

2. 做最好的自己

知名画家、作家刘墉是一个认真生活、总希望超越自己的人。他在写给女儿《靠自己去成功》一书中，也积极地倡导了这一人生理念，他希望女儿靠自己去成功，如同成长要自己去成长一样。

如今越来越多的富豪剥夺了儿女的遗产继承权。比如比尔·盖茨，他的3个孩子每人只能得到1000万美元和价值1亿美元的住宅。这些只是他财富中的九牛一毛。“股神”沃伦·巴菲特则更为绝情，他的子女不能从他那继承到哪怕是一美分。他们之所以这样做，就是希望儿女们能够自己成长，自己成功。

人的一生是极其短暂的，归根结底我们最终所能依靠的只有自己，人只有不断追求完美，做最好的自己，才能有所收获，有所成功。

2011年10月5日，美国苹果公司执行官兼总裁史蒂夫·乔布斯的逝世，震撼了整个世界。一时间，媒体报道铺天盖地，很多名人与知名企业家都纷纷发表悼词，“果粉”更是悲痛万分，纷纷举办各类悼念活动。

“盖棺定论”不仅是中国人的习俗，西方人也常这么做。在大多数对乔布斯的总结性评价中，都会把乔布斯誉为一个引导创新、改变世界的杰出人才。纽约市长迈克尔·布隆伯格发表悼词：“今夜，美国失去了一位天才。乔布斯的名字将与爱迪生和爱因斯坦一同被铭记。他们的理念改变了世界，影响了数代人。过去40年，乔布斯一次次预见到未来，并在多数人远未洞察之前就将设想付诸实践。我们每个人都受益于此。”韩国三星集团发表声明：“乔布斯为资讯科技界引入无数的革命性改变，是一位伟大的企业家。他的创新精神和卓越成就将永远被世人怀念。”

其实，乔布斯的成功并非源自他的创新：他没有发明电脑，没有发明MP3播放器，也没有发明智能手机，更没有发明平板电脑。然而，他虽没能发明电脑，但却把电脑做得更好；他虽没能发明MP3播放器，但却把MP3播放器做得更精致，让人爱不释手；他虽没能发明智能手机，但却把iphone做得更强大并且引领时尚；他虽没能发明平板电脑，但却把平板电脑做成了老少皆宜、集休闲娱乐与办公为一体的便携工具。

可见，乔布斯引领苹果成功的真谛不是创新，而是精益求精。苹果产品无论是从外观设计方面，还是从内部效用方面，带给客户的，都是精益求精、追求完美的极致体验。

乔布斯的成功表明，如果能够把现有的产品（或者服务）做得更加“精益求精”，我们同样可以获得巨大成功。做产品如此，做人亦是如此。

在现实生活中，有很多人对自己缺乏信心，不相信自己的素质，不相信自己的能力，不相信自己的潜能，错误地认为自己没有前途，没有未来，永远都不可能成功。如果在生活或工作中受到一点挫折、一点委屈，就怨天尤人，从此一蹶不振。他们的内心太过脆弱，经不起风吹雨打。

有位朋友曾向我提及一件伤心往事：助理小王很有才华，办事干练，我很赏识他。可他竟然因为一件小事，主动向我提出辞职，连一次挽留的机会都不给我。在一次竞标会上，小王竟然忘带电源与电源线，导致笔记本电脑无法开启。而我的投标方案与相关资料都保存在里面。为此事，我毫不客气地批评了他一顿，目的就是为了让他记住这个教训，以后再也不要犯同样的错误。尤其是一些微小却很致命的错误。小王觉得颜面扫地，深受打击，第二天便向我提交了辞职报告。我本来想挽留他，可他却铁了心要走。

这位朋友并没有做错什么，也许不妥的是他批评小王的言辞太过激烈。可这难道不是为了他本人好吗？不管是谁，犯了错误就得勇于承认与担当。古语有云：“吃一堑长一智。”成功者往往都是从失败中总结经验教训，不断成长起来的。

可很多人却害怕失败，自我设限，逃避成长。美国著名的心理学家、基本需求层次理论的开创者马斯洛对此类想象有过专门研究。他发现：人们往往会惧怕自己内心深处最坏的东西，同时也惧怕自身的伟大之处，习惯于逃避内心暗示给自己的使命、召唤、人生的任务。也就是说，人们会下意识地自我设限、降低自己的抱负水平、害怕许下宏大的愿望。

★ 一个人犯了错误而不知悔改，那注定他下次还会被同一块“石头”绊倒。

★ 一个人受不了任何的委屈与打击，那委屈与打击便会接踵而至。

★ 一个人自身问题得不到根本解决，换个地方同样也会受其所困。

逃避成长、降低自我抱负，毫无疑问，对我们每个人的成长都是有百害而无一益的，如果你逃避成为力所能及的自己，你会终生为此痛苦和遗憾。“做我们该做的、力所能及的事，把它们做到最好。”这才是人生该有的积极态度。

（1）循序渐进改掉那些阻碍你职业发展的陋习

坏习惯是常年累月所形成的，要想改正某种坏习惯，常常需要很长一段时间。职场陋习亦如此。行为心理学的研究表明，**21 天以上的重复会形成一个人的习惯；90 天的重复，会形成一个人的稳定性习惯**。也就是说，如果能对同一个动作重复 21 天，就会成为一种习惯性动作。

同样，要想戒除职场陋习，亦需要一个长期的转变过程。如果我们能够针对每一个职场陋习，依照对应的自我诊断问题反省自己，坚持 21 天或者更长一段时间，每天运用职场陋习自检表（如表 3.5 所示）进行自我检查，并持之以恒，就能戒除那些阻碍自身职业发展的陋习。

表 3.5 职场陋习自检表（范本）

执行人				制表日期							
职场陋习	进度（天）										后续复查
	1	2	3	…	12	13	14	15	…	20	21	
畏首畏尾												
得过且过												
阳奉阴违												
漠视规则												
搬弄是非												
好高骛远												
行事拖拉												
冒冒失失												
斤斤计较												
恃才傲物												
薪水为王												
备注：用 × 表示未戒除　用 √ 表示已戒除												
自我评价												

（2）持续修炼最有价值员工应当具备的 6 大特质

人们常常在适应外界大环境的同时，创造出适合于自己的小环境，然后以这种习惯将自己困在这个小环境中。有一个寓言故事说，一个常年以乞讨为生的乞丐突然获得巨额遗产后，他的第一个想法就是“买一只好一点的碗和一根结实的木棍，以方便以后的乞讨。”由此可见，一个人的习惯不仅决定着其活动空间的大小，还会于不经意中影响人的一生，甚至直接决定着一个人的成败。

所以，我们在工作中要遵循的一个原则就是，**革除所有的坏习惯，换成一个能帮助你走向成功的好习惯**。因为一个习惯会遏制住另外一个习惯。既然习惯如此重要，那么如何养成好的习惯呢？

一位禅师带领他的弟子来到一片草地上。他问弟子：“怎样除掉地上的杂草呢？”弟子们想了各种办法，比如，烧、拔、铲、挖等。但是禅师说：“‘野火烧不尽，春风吹又生’，这些方法都不是最佳的方法。”弟子们问：“那么，用什么方法才是最好的方法呢？”禅师回答：“等到明年，你们就自然明白了。”

第二年，弟子们再次来到这片草地，只见，草地上长出了成片的庄稼，再也看不见原来的杂草。弟子们此时顿悟：原来，最好的办法就是在草地上种庄稼。

这就是禅师的智慧——以庄稼来根除杂草。我们在培养习惯时，也可以从禅师的智慧中获得一些领悟和借鉴：好习惯多了，坏习惯自然就少了。

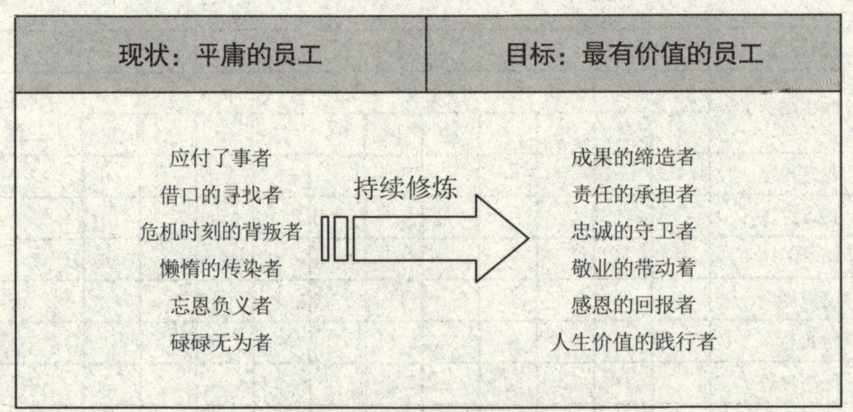

图 3.10　特质修炼示意图

我们可以借助特质修炼示意图（如图 3. 10 所示），时刻强化自己的修炼目标，依照《特质修炼篇》中一系列的积极理念与行动方案，不断寻找适合自己的、能有效推动自我转变的改进措施，从而达成“修炼成企业最有价值的员工”这一终极目标。

【韩老师有话说】

相信自己，眼光放得长远点，坚定阳光总在风雨后，黑暗过后是黎明。每天进步一点点，今天要比昨天强。不怕自己走得慢，就怕停留在原地。做最好的自己，一步一个脚印地走下去，走向黎明后的胜利曙光，走向辉煌成就的灿烂人生。

3. 工作中的“二要五不要”

作为一名从基层一步步打拼出来的企业领导者，我对很多员工的日常行为感同身受，同时，我也懂得很多领导者对员工的殷切期盼。因此，我总结了一些职场上员工与其领导之间有关工作转接的良好行为与欠妥行为——工作中的“二要五不要”，在这里与大家一同分享。

（1）工作中的“二要”

作为企业员工，与领导打交道是必不可少的工作之一。其中，请示工作和汇报工作更是两项最为基本的工作事项。而要做好这两项工作，有一定的技巧需要我们掌握。

◎ **请示工作要列方案**

在请示工作时，切忌把自己的问题像皮球一样踢给领导，**在向领导请示工作前应做到心中有数，至少应准备自己目前能想到的解决这个问题的3个以上的方案**。万万不可说：“经理，这事还要做吗？我在等您的指示。”作为下属，这种请示工作的方法是不够积极的，也是欠考虑的。

请示工作时，我们可以说：“关于这件事情我认为可以这样做，有3个方案供参考，您看是否可行？”

请示工作时，如果只向领导提出一个方案，可能会被接受，也可能会被否决。一旦自己辛辛苦苦花了几天几夜的时间赶制出来的方案遭到领导否决，作为下属心里自然会感到很委屈，很气馁，无奈之下还得接着重做。与其这样，还不如未雨绸缪，事前多罗列几个可行的方案，供领导参考，让领导做决断。这样，领导不仅有了更多的选择，同时也会对你刮目相看。

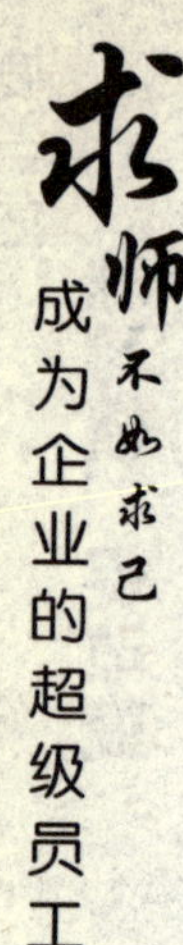

请示工作看似是日常工作中极为平常的一件小事，却会关系到你今后是否能有更多成长与发展的机会，因此千万不能大意。

◎ **汇报工作要讲成果**

向领导汇报工作时，要简明扼要、条理清楚地把自己在某一段时期内已经完成的工作，进行一次全面的汇总。也就是要罗列出如今已经取得了哪些成果，还存在什么缺点和不足。

有很多人在汇报工作时，总喜欢做些自我评价与自我分析。他们只是喜欢摆事实：难度如何大，困难何其多，自己多么努力，结果如何惨！事实上，这样做只会招来领导的厌烦与不满意。

其实，**任何一份让领导可心的工作汇报都应突出已经取得的成果，淡化现今的不足之处**。可以说，讲成果是汇报工作的核心内容。汇报工作的首要目的就是要肯定成绩，摆出成果。成果有哪些，有多大，具体表现在哪些方面，是如何取得的。

（2）工作中的“五不要”

对待本职工作，我们要时刻保持时不我待、只争朝夕的紧迫感，按时、保质、保量地完成各项本职工作，同时也应强化效率意识，做到遇事不推诿、办事不拖拉、行事有章法、做事讲效率。

◎ **不要等问的时候才说**

很多人急急忙忙，辛辛苦苦地干了很长一段时间，最后却发现自己所做的，根本不是领导想要的。原来，他在接受领导指示时，未能完全领会领导的意图，而自己有何疑问，也不敢当面提出来，怕领导怪罪自己。最后的结果就是：

员工：“我不知道你要的是这个呀，我还以为……”

领导：“你怎么不明白我的意思呢？有问题你早该提出来啊！你看现在……”

另外一种情况就是：自己明明知道此项任务仅凭自己个人的力量很难完成，却又碍于情面，怕领导觉得自己能力欠佳。其结果是，自己闷着脑袋一心一意做事，最后没能完成任务时，得到的往往是领导的训斥：“你有什么要求早说嘛！你做不了也应尽早告诉我啊，这不是耽误时间吗？现在……”

任何时候，当我们内心存有疑问时，都应尽早告知对方；我们有何要求，都应让对方尽量满足。要知道：早说比晚说更能争取主动。

◎ **不要等查的时候才做**

很多人总是能找到自己懒惰的借口：“我最近太忙了，没时间顾及这件事。”“昨天实在太累了，今天有点懈怠。”“客户的资料还没传过来，先休息一会。”……这些似是而非的借口，成为了阻碍他们积极进取的绊脚石。他们每天工作或做每一件事情，都会拖延，因为他们自认为有充足的理由这么做！一旦到了规定的期限，领导要检查工作进度了，他们才慌了阵脚，急急忙忙赶进度，做事毛毛糙糙，工作质量可想而知！

很多事情，做与不做，就在一念之间。做了，便会有结果，有可能不尽完美，但总会有一个结果；拖着不做的话，事后就会惋惜和后悔，而且有时候连补救的机会都可能没有。所以，做任何事情时都应尽早动手。记住：行动一定要趁早，不要等到领导检查才悔之晚矣！

◎ 不要等要的时候才给

职场上最为常见的一种尴尬情况便是：领导突然想起某件事情时，忽然觉得某下属此时该向自己提交某项东西了。于是，他便向下属要。下属也是循规蹈矩地向领导提交。这好像没有什么不对，你是不是也是这样认为？可当这种情况习以为常时，领导便会恍然大悟：为什么每次都是我想起来要某件东西时，他们才会给我？如果我没想起来，他们就不给我了？于是，领导大怒：你们也太不识相了，每次都要我求着你们给，你们就不能主动一点吗？

产生这种现象的原因在于：领导与下属的关系是一对多，而下属对领导的关系通常是简单的一对一。这就会导致领导经常忙不过来，顾此失彼。从这一点来讲，**作为下属，应该按时提交成果，而非等到领导要的时候才给**。做好这一点，会使你的工作受益匪浅。

◎ 不要等催的时候才慌

很多人都有定闹钟的习惯，早上闹钟一响，他才会起床洗漱，准备上班。一旦闹钟坏了或不工作了，他自然会睡到很晚，连上班都会抛诸脑后了。可很多中年人却不会这么做。他们总能自觉地按时起床，到点就会苏醒，好像潜意识里就应该如此。

闹钟可以说是催促我们起床的一个外力。有时候，借助外力确实可以起到提升实力，加速自己成长的目的。**可一旦过多地依靠外力，一味地等待外力对自己提供助力，反而会助长自己的惰性**。不要老等闹钟催，起床是如此，做事亦是如此。

做任何事情，我们都应该主动、及时完成，而不能老等着领导这只“闹钟”来催。凡事主动多一些，被动少一些；积极多一些，懈怠少一些；行动多一些，观望少一些。千万不要等领导催的时候你才慌忙去做。

◎ **不要等急的时候才忙**

凡事都应尽早规划，尽早实施。千万不要等到紧急时刻才开始忙起来。工作中要有超前的意识，做个有心人，平时要注意多动脑、勤思考，多看、多听，想领导之所想，急领导之所急。

很多时候，我们明知道某项任务很紧急，却往往一拖再拖。比如，领导很早就定下了月底要搭飞机去外地考察的工作计划，可助理却在领导动身前两天才急忙办理订飞机票。如果助理有超前意识，他就会很早规划好这项工作，而不是紧急时刻才忙碌起来。

此外，工作中难免要面对很多紧急事项，遇到这类情况，我们必须立刻行动起来，要在第一时间着手办理，要在规定时限内妥善完成。而不能在任务面前畏首畏尾，停滞不前。

我想，任何一位员工，只要他能在工作中严格执行上文所罗列的“二要五不要”这条准则，就必定能够得到领导的赏识与赞美，他的职场之路也必定能走得更为顺畅一些。

【韩老师有话说】

工作中，任何一个你未曾发觉、未能顾及到的小小细节，往往会对你的职业形象产生负面影响。千万不要小看这些小事情，有很多事情正是因为一个细节而功亏一篑。注重细节，完善自己的职业行为习惯，你就能够出类拔萃，卓尔不群。

附录

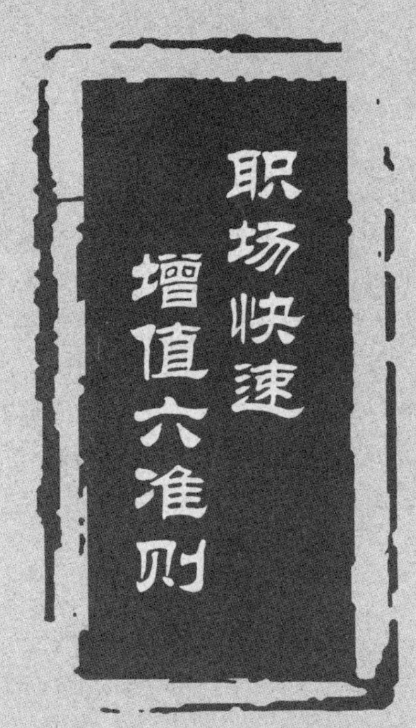

为了帮助读者更好地吸收本书的精义，我对自己的写作思路进行了一番梳理，提炼出了员工立足职场，谋求快速增值所应牢牢把握的六个关键点。在每个关键点里面，都有针对性地设置了一些思考题。读者可以结合自己的实际情况进行深入思考，从而找准修炼方向，找到切实可行的方法，并形成行动指南。实现职场快速增值是每位员工的愿望，“与其临渊羡鱼，不如退而结网”。当你能够融会贯通并付诸实现，你就会发现，原来快速增值是如此简单！

1. 确定一生的志向，每天践行之

我们应该感谢我们的父母，是他们给了我们生命，是他们含辛茹苦把我们抚养成人。他们或许可以为我们挡风遮雨，给我们温暖与庇护。而要成就怎样的人生，却只能由我们自己掌控。

是人都要面对死亡，从我们生下来的那一刻起，生命之钟的倒计时就已然开始。当你读完上段文字，开始下段文字之时，距离自己的死亡就更近了一步。

当你知道死亡正在等待着你时，你对生命的宝贵、理想的渴求、抱负的实现都要坚定很多。这时，你才会静下心来思考生命的意义——我活着是为了什么？我的人生该如何书写？我终其一生为之奋斗的是什么？好好策划自己的人生，思考如何把自己的一生渲染得瑰丽多彩吧！

（1）现在，思考你的人生，然后请郑重的写下你自己的墓志铭（幻想你离世之后，在你的墓碑上会刻上什么话）：

____

____

（2）为了成为我要成为的人，我生命的每一天应该怎样度过？

____

____

2. 锁定成长的平台

我们的择业是否适当，这关系到我们一生的前途。从事何种工作是每个人都应认真思考的问题。与其“骑驴找马”，白白荒废了自己的青春，还不如静下心来，做好自己的职业生涯规划。

自己感兴趣、乐意从事的是什么工作？自己的秉性适合哪个行业、工种？自己有何种特长？适合在哪些领域里进行长足发展？对于这些问题，自己心中要有杆秤。心中有数了，才不至于迷茫无助，才知道自己要找的是怎样的公司

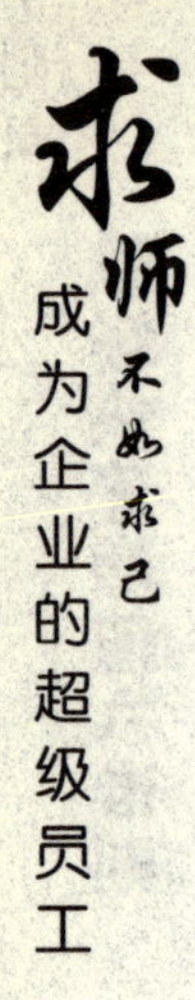

以及何种职业。

择业时，我们重点关注的应该是选定一个有利于成长的平台，而不能简单地以薪水高低来衡量职位好坏。成长比薪水更重要！

（1）哪个行业，哪个岗位能搭载自己的人生志向？

____

____

（2）这个工作是否有利于自己的持续成长？

____

____

3. 从基层做起，莫问“钱”程

高楼大厦要稳固，地基必须打牢。万丈高楼平地起，基层工作就好比是一幢楼房的地基，只有地基牢固才能建造更高的楼层。现今，很多企业推行“领导体验日”，领导每周或每月抽一到两天到基层去同员工一起生活、一起工作，目的就是要深入基层，更好地了解基层。

从基层做起，有利于积累工作经验，提高自身的综合素质；从基层做起，有利于养成脚踏实地的工作作风，不断历练自己，积累人脉。从基层做起，有利于将理论知识与实践相结合，少走弯路。扎根基层，能使自己的根基更为牢固，为以后的职业发展积蓄力量！

（1）你现在的基层工作对你的人生志向有促进作用吗？

____

____

（2）在基层工作中要提升自身哪些方面？如何阶段性地达成成长目标？

____

____

4. 树立学习的榜样，并设法超越他们

你想成为什么样的人，其实已经反映了你的思想倾向、兴趣与爱好。与你的这些思想、兴趣、爱好相近的，你便会潜意识地去模仿、学习。这就是榜样的力量，它引导着你，朝着既定方向发展。

榜样的力量是无穷的，在自己的成长过程中，我们应善于从先进人物身上吸收营养和力量。在工作中，树立学习的榜样，激励自己积极向上，奋发工作。同时，应以榜样为目标，充分发挥和施展自己的才智，想方设法超越他们。

树立榜样的目的，就是始终用榜样的标准来严格要求自己，努力让自己成为与榜样一样的人，进而成为比他更为优异的人。值得学习的榜样很多，他可以是你身边培育、提携你的上司，可以是与你分享和合作的同事；也可以是同行业的竞争对手，标杆人物。

（1）在公司里面，谁是值得你学习的榜样？你将如何学习并设法超越他？

____

____

（2）在同行业里面，谁是你该学习的榜样？你有哪些举措能设法超越他？

____

____

5. 为职责牺牲利益，为荣誉战胜自私

荣誉与责任，前者是所得，后者是付出。美丽盛开的荣誉之花，必然深植于责任的土壤之中。一个人没有责任心，怎么可能赢得荣誉的桂冠呢？从事一项工作，就意味着承担了一份责任。当自身利益与工作职责不一致甚至发生冲突时，最有价值的员工总能为团队着想，牺牲自身利益，舍弃小我，成就大我。从事一项工作，就意味着自己是在为荣誉而战！在荣誉面前，我们应舍身捍卫，与自私自利抗争到底，并逐步粉碎它。

（1）如何清晰界定自己的工作职责？如何培养自己的责任心？

____

____

（2）你对当前工作有荣誉感吗？它来源于哪些方面？为了捍卫自己的荣誉，你会如何做？

____

____

____

____

6. 职业生涯应终身以使命感为导向

工作是值得我们用一辈子去做的事业。把工作当成自己的事业，带着使命工作，你才能全身心的投入，终其一生努力奋斗。把工作当成自己的事业，带着使命工作，你才能与企业一同成长，实现个人与企业的双赢。

（1）你为什么而工作？你为什么而奋斗？你的使命是什么？

____

____

（2）你奋斗的意义何在？你如何强化自己的使命感？工作中，你将如何与使命一同前行？

____

____

总裁首选学堂

【总裁执行风暴】

——从战略到成果的引爆装置，让营业额递增 30% ～ 200% ！

【总裁管控风暴】

——企业快速发展中的刹车系统，让净利递增 30% ～ 200% ！

【总裁战略风暴】

——构建长盛不衰的企业导航系统，明确企业 10 年的宏伟版图！

【总裁咨询风暴】

——最聚焦原创与成效的企业运营方案，让企业资产增值 3 ～ 10 倍！

【创富思想风暴】

——生命必经的洗礼，100% 的灵魂蜕变！

【总裁演说风暴】

——演说的力量可以万众一心，伟大的思想从此放大 100 倍！

【总裁行销风暴】

——让企业的业绩和利润倍增，提升企业的知名度和美誉度！

【董事长智力风暴】

——无为最高境界，空为最大智慧！

我们的同行都为传播知识作出了贡献，而我们在分享时绝对遵循 ：实战、实效、实操 ；同时坚决拒绝 ：空洞、说教、虚华！

“如何成为最有价值的员工”特训营

尊敬的企业家及高层领导：

如果您想拥有一支忠诚、敬业、付出、感恩的团队，如果您想拥有一支有使命、有责任、有激情、有梦想的团队，下面的问题一定是您困惑已久的：

1. 如何让员工工作起来有动力、有方向，每天都明确知道自己想要的是什么？

2. 如何更好地激励员工，让员工有冲劲，工作积极主动？

3. 如何让员工在出了问题的情况下，积极主动地去承担，而不是逃避责任？

4. 如何让员工爱上自己的企业，爱上自己的岗位？

5. 如何建立员工对企业的忠诚感和对工作的敬业感？

6. 如何让员工在企业发挥自己的潜能，让员工找到自己存在的价值感？

7. 如何让员工不忘初衷，找到自己工作的使命？

……

以上这些是每一个企业领导人都十分关注、亟待解决的问题。因为这些问题不解决，企业的团队打造将会变得困难重重，每天的损失将难以估计。如果这种情况持续下去，结果将不堪设想……

请让你的团队即刻走进“如何成为最有价值的员工”特训营，韩晓霞老师将会和您分享成为企业真正最有价值员工的六大关键：

1. 成果的缔造者。成果才能证明面子，成果才能证明尊严，成果才能证明能力，成果才能证明实力，成果才能证明价值！

2. 责任的承担者。一个人承担责任的大与小决定了他未来职务的高与低，责任影响和决定职务层级！

3. 忠诚的守卫者。一个人在一个团队就要忠诚不渝，在你忠诚于这个团队的同时，也是忠诚于自己的良知与道义，这样的生命才是高贵的，才是值得称道与赞扬的！

4. 感恩的回报者。感恩会引发更大的感恩，感恩影响和决定别人对你的支持力度，感恩让生命变得更宽厚！

5. 敬业的带动者。敬业就是一种精神，不用别人监督你如何去做，也不用老板看着你去做，而是你主动去创造价值，主动完成工作。

6. 使命的践行者。使命感是凝聚众人最神圣的理由！

[课程对象]

企业全体员工，包括基层员工、中高级管理人员，以及致力于职场成功的所有人士！

如果想了解或咨询以上内容的相关信息，请联系我们，我们有专业的顾问为您提供满意的服务。

世华智业集团作品推荐

文化要软 制度要硬

为什么不同的人能发出同一个声音？凭什么凝聚团队万众一心？

用什么牵引团队的思想？靠什么让团队行为统一？

只有一个共同的答案——优秀的企业文化！

为什么总有下属敢于叫板？为什么总有大批人在养病状态？

为什么小圈子总是无法打破？为什么制度没有神圣性？

只有一个共同的答案——糟糕的企业制度！

光有文化没有制度，要么自然推动，要么软弱无力；

光有制度没有文化，要么执行有力，要么执行崩盘。

敬请关注姜岚昕老师继热销榜首的《领导解放 企业重生》之后又一光盘力作《文化要软 制度要硬》，让您拥有软硬兼施的秘密武器，双向组合，将团队打造到极致，再创令人敬重瞩目的商业奇迹。

同名书籍《文化要软 制度要硬》即将上市，尽请关注！

领导无形 管理有道

本书作者姜岚昕老师十年来用生命投入事业之中，以一年活出别人五年的努力程度，在践行升级领导与管理的艺术。过去的问题已经转化为成熟有效的方案；过去的困惑已经磨砺出领导与管理的系统智慧；过去的成败已经梳理为可以复制的运营体系……一切汇聚在《领导无形 管理有道》之中。

· 本书经李燕杰、王健林、朱新礼、艾丰、刘吉、冯军、蒋锡培、丁远峙等30余位名家联袂倾情推荐！

· 本书内容已经过10万名企业管理者实践证明确实有效！

· 本书提供的方法已让70%的企业绩效递增30%～200%，20%的企业绩效递增200%以上！

· 全国各大书店、机场、网站，经管类图书畅销第1名！

· 单位团购更是火爆突破220000册，出版后狂销近30万册，已连续重印32次！

· 本书用简单的道理，朴实的语言阐述了“领导无形，胜似有形；管理有道，是为无道”的领导与管理中的大道，为企业领导者、管理者提供了从管理到领导、从领导到领袖的“要点”，切中企业“死穴”。

同名光盘《领导无形 管理有道》即将上市，尽请关注！